本书为
“湖北民族大学省属高校优势特色学科群应用经济学学科建设经费资助”成果
湖北省高校人文社会科学重点研究基地鄂西生态旅游文化研究中心研究成果
湖北民族大学博士科研启动基金项目（课题编号：4148045）研究成果

经济管理学术文库 • 经济类

农村宅基地退出中农民权益保护问题研究

Research on the Protection of the Farmers' Rirhts and Interests in the China's Rural Homestead Exit

黄贻芳／著

经济管理出版社
ECONOMY & MANAGEMENT PUBLISHING HOUSE

图书在版编目（CIP）数据

农村宅基地退出中农民权益保护问题研究/黄贻芳著. —北京：经济管理出版社，2018.6
ISBN 978-7-5096-6498-8

Ⅰ. ①农… Ⅱ. ①黄… Ⅲ. ①农村住宅—住宅建设—土地使用权—权益保护—研究—中国 Ⅳ. ①F321.1

中国版本图书馆 CIP 数据核字（2019）第 058292 号

组稿编辑：杨国强
责任编辑：杨国强
责任印制：黄章平
责任校对：董杉珊

出版发行：经济管理出版社
（北京市海淀区北蜂窝 8 号中雅大厦 A 座 11 层 100038）
网 址：www. E-mp. com. cn
电 话：(010) 51915602
印 刷：三河市延风印装有限公司
经 销：新华书店
开 本：720mm×1000mm/16
印 张：11.75
字 数：162 千字
版 次：2018 年 6 月第 1 版 2018 年 6 月第 1 次印刷
书 号：ISBN 978-7-5096-6498-8
定 价：68.00 元

前 言

人多地少是我国的基本国情。我国在工业化、城镇化快速发展的进程中，耕地面积锐减，严重威胁到国家粮食安全。为此，国务院提出了“十八亿亩”耕地保护红线，依靠占用耕地来满足建设需求受到国家层面的制约。为了妥善处理“建设与保护”的矛盾，城乡建设用地增减挂钩政策便应运而生。城乡建设用地增减挂钩是通过拆旧（农村建设用地）建新（城镇建设用地）、土地复垦，实现耕地总量不变、耕地面积不减少和土地质量不降低，使用地布局趋于合理化。作为农村建设用地主要组成部分的宅基地成为“挂钩”政策实施的重要内容。实践中各地方政府通过农村宅基地置换、整理等形式促进农民退出宅基地，政府对退出宅基地进行整理复垦，在保证“耕地总量占补平衡”下，获得一定的建设用地节余指标，以缓解城镇发展建设用地指标供给“瓶颈”。城乡建设用地增减挂钩政策中实施的农村宅基地退出对于促进耕地保护、缓解建设用地指标紧张等方面有积极的推动作用。由于宅基地承载着农民的庭院农业经营、农民的生存居住保障、低成本的生活方式，农村宅基地退出势必影响农民生产生活方式的改变。在我国社会保障还不健全的背景下，农村宅基地被大部分农民视为最后一道生存保障屏障，各级政府在推进宅基地退出中理应遵循“自愿”“有偿”原则，实现退地农民安居乐业。然而，在当前城乡建设用地增减挂钩实施过程中，农民作为宅基地退出的主体，其权益并没有得到有效的保护，农民在各地方政府推进的农村宅基地退出中权益受损问题普遍存在。目前，城乡建设用地增减挂钩背景下宅基地退出中农民权益问题得到政府高度重视，它已经成为影响我国新农村建设与城镇化发展的关键。因此，研究宅基地退出中农民权益保护问题，无疑对维护农民权益和农村社会稳定，推动工业化、城镇化发展有重要的意义。

全文共分六章，全书按照“提出问题—构建理论基础—实证分析—根源探究—政策设计”这一逻辑思路展开，运用理论分析、规范分析、案例分析、实证分析和博弈分析等研究方法，对农村宅基地退出中农民权益保护问题进行了较为详细的研究。根据这一分析思路，本书分别从理论研究、实证分析、对策建议三个层面进行论述，本书的基本内容如下：

第一部分为理论研究，包括第一章、第二章和第三章。这一部分为本书的研究奠定了坚实的理论基础。

第一章运用规范分析的方法，对本书研究对象的内涵进行了全面界定。从宅基地退出主体、客体、形式对宅基地退出的内涵进行清晰界定，同时对农民土地权益的内涵进行了全面界定，确定了本书研究的范围。第二章选择了与该研究相关的土地产权理论、效率公平理论以及博弈理论，并对这些理论在宅基地退出中农民权益保护的应用进行简要分析，这对后续研究有重要的理论借鉴意义。第三章分析了农村宅基地退出对农民权益的影响。首先，阐述宅基地退出的制度背景、社会背景以及政策背景，介绍了我国实践中出现的宅基地退出代表模式的具体做法和各自的特点，在此基础上抽象概括出当前农村宅基地退出的总体特征和存在的共同问题。其次，在对我国农村宅基地制度所蕴含的土地权益、城乡建设用地增减挂钩政策所承载的土地权益，以及我国宅基地的功能所包含的土地权益的解读和分析的基础上，界定了农村宅基地退出中农民土地权益的具体内涵。最后，结合我国宅基地退出的主要模式，分析宅基地退出如何影响农民经济权益、政治权益、社会权益。

第二部分为实证研究，包括第四章和第五章。这一部分对农村宅基地退出中农民权益保护问题进行实证研究，在此基础上分析农民权益保护存在的问题并对产生问题的原因进行分析。

第四章是对农村宅基地退出过程中农民权益受损问题进行实证研究。本书借鉴 Amartya Sen 的可行性能力理论，分别从经济状况、居住状况、保障状况、社区状况和心理状况五个方面构建反映农民权益测度的一级指标体系，选取农业收入、非农收入、日常消费支出、人均居住面积、住房结构、住房质量、人均耕地面积、就业机会、社会保险的提供情况、治安状况、卫生状况、交通出行情况、教育设施、医疗设施、经济满意度、生活满意度 16 个二级指标，利用对重庆市九龙坡区 323 户“退地上楼”的农民的调查数据，运用统计描述和模糊数学的评价法对宅基地退出中农户权益问题进行测度。实证研究结果表明，现阶段农民宅基地退出实现集中居住，极大地改善了农民的住房条件和居住环境，但伴随着农民居住的改变，农民生产生活方式发生了必然变化，在此过程中农民的经济权益、社会权益、保障权益都不同程度地受损，尤其是经济权益和社会权益受损更严重。总体而言，在宅基地退出中农民土地权益受到了损害。

第五章是根据实证研究结果，结合农民宅基地权益受损的事实，从不同主体的利益博弈、我国宅基地产权制度等视角阐述了农民土地权益受损的经济和制度原因。农村宅基地退出中涉及多方利益主体，通过不同利益主体分析，博弈双方利益目标不同而行为取向不同。各利益主体在没有任何约束限制的情况下，往往做出对自身有利的决策。地方政府由于自身拥有特权以及身份的多重性，导致政府部门有优先保护自身利益的行为。在整个博弈过程中，农民由于无权无势，处于博弈的弱势地位，无法与地方政府的强势进行讨价还价而导致农民各方面权益得不到有效保护。从农村宅基地产权制度看，宅基地所有权主体不明确、农村居民享有的宅基地产权权能不完善等方面造成农民土地权益的受损。

第三部分为研究结论、政策建议及讨论，即本书的第六章。梳理和总结前文的理论及实证分析结论，根据研究结论从完善宅基地产权制度、转变政府角色与规范政府行为、提升农民主体地位等方面提出了相应的政策建议。

本书可能的创新点：

（1）尝试对所研究的内容“农村宅基地退出和农民土地权益”内涵进行清晰界定。本书研究内容涉及两个核心概念，在研究前，需对概念有清晰的界定。本书从退出主体、客体、形式、目的对宅基地退出概念进行了明确界定。在解读和分析我国宅基地制度所蕴含的土地权益、城乡建设用地增减挂钩政策所承载的农民权益以及基于农村宅基地功能所包含的权益的基础上，将农村宅基地退出中农民土地权益内涵界定为经济权益、政治权益和社会权益的综合。

（2）建立一个“理论研究—实证分析—对策建议”的逻辑分析框架，系统性地对农村宅基地退出中农民权益保护问题进行研究。

（3）以森（Sen）的可行性理论为理论依据，尝试构建一套测度农民土地权益的指标体系，构建了农民权益测度的模糊数学法评价模型，以定量化的方法对农村宅基地退出中农民土地权益受损问题进行了评价分析。突破了以往的“农民权益问题”研究，主要采用归纳演绎等文字叙述的方法。因此，在研究方法上具有一定的创新性。

目 录

第一章 绪 论

第一节 研究背景和意义

一、研究背景

经济发展与农村土地资源保护是一个永恒的话题。一方面，经济的快速发展要求土地资源要素给予支撑；另一方面，农地的数量与质量事关国家的粮食安全、经济安全，甚至政治安全。特别是在我国人多地少、土地资源尤其是耕地资源十分稀缺的基本国情下，其稀缺性和不可再生性要求我们必须对其加以严格保护。改革开放 40 多年以来，我国经历了快速的工业化和城市化发展阶段，与之带来的是农地的大规模非农化，耕地面积大幅减少。据统计，1996~2005 年全国耕地面积从 19.51 亿亩减少到 18.31 亿亩，净减少耕地 1.2 亿亩（王家庭等，2007）。建设对耕地面积的不断蚕食使粮食安全问题警钟长鸣。面对“吃饭”与“建设”的突出矛盾，2007 年国务院庄严提出：“一定要守住全国耕地不少于 18 亿亩这条红线。”据估计，到 2020 年我国城镇化率为 60%，建设用地的总量需求为 1.5 亿亩。预计在今后 10 年内只有 3000 万亩的耕地可用于建设用地，建设用地供需缺口达到 1.2 亿万亩（戴伟娟，2010）。不难看出，随着中国社会经济的发展，人地关系矛盾的加剧，土地利用走入城市建设用地供不应求而农村宅基地闲置浪费的困境。如何妥善处理“建设与保护”的矛盾已迫在眉睫。过去的经济发展实践证明：以消耗大量的土地资源为代价而促进工业化和城镇化，或因保护耕地而损失经济发展都不是可持续和不科学的发展，最理性的决策是要实现“双赢”目标，而“双赢”的关键是亟须寻求城镇建设用地的新来源，以妥善解决城镇发展的供地问题。

在耕地严格保护、耕地资源不可减少的情况下，农村的建设用地将是补给城市规模扩张的主要土地资源来源。我国农村集体建设用地资源十分丰富。据统计，中国农村集体建设用地总量 1700 万公顷（刘守英，2008），而集体建设用地中有很大一部分宅基地。据宋伟、陈百明等研究估算，2005 年我国农村宅基地总量达 911.61 万公顷（宋伟等，2008）。现实中，作为农村建设用地主要组成部分的宅基地普遍存在宅基地面积超标、“不减反增”、闲置浪费等低效利用问题。按照村镇规划标准，农村居民人均居住用地面积上限为 150 平方米，实际上我国农村居民点人均占地 182 平方米，是国家标准上限的 121%（刘文甲，2007）。随着城镇化的不断推进，农村人口不断减少，农村宅基地应该呈现相应的下降趋势，但在我国城市化进程中却出现了农村人口数量减少与农村宅基地总量增加的悖论（韩康、肖钢，2008）。据统计，1996~2008 年，我国城市化率平均每年增长 1.28%，在这 12 年中，全国农村人口减少了 1.43 亿，而人均宅基地面积却从 0.29 亩上升到 0.34 亩（赵强军，2012）。伴随农村劳动力转移所带来的宅基地闲置浪费现象比较严重，据张正河等对我国农村宅基地闲置调查数据统计得出，我国农村宅基地闲置比例为 10%~15%。根据我国城市化进程的分析资料估计，今后 20 年全国每年有 1200 多万农村人口要转移到城镇地区，每年将有 18.36 亿平方米的农村宅基地可能闲置不用（周楚军，1999）。如果农村宅基地闲置问题得不到有效治理，未来城乡人口分布格局将加剧农村宅基地的低效利用局面。

在我国土地资源稀缺的约束下，如何有效协调耕地保护、城镇建设用地供需、农村建设用地的闲置浪费三者间的矛盾，合理利用和配置土地资源成为我国当前以及未来相当长时期内土地资源管理的重点与热点所在。作为存量的农村集体建设用地尤其是村庄和宅基地的整理与优化利用受到政府的高度重视，并逐渐纳入国家城乡统筹、新农村建设和新型城镇化的战略思考中。国土资源部2000年制定的《全国土地开发整理规划》中指出："通过对现有农村居民点逐步实施迁村并点、治理（空心村）退宅还田等方式，可以增加有效耕地约286.67万公顷（4300万亩）。"2004年国土资源部印发《关于加强农村宅基地管理的意见》的通知，要求各地对于"一户多宅"和空置住宅要制定激励措施，鼓励农民腾退多余宅基地，促进土地集约节约利用。可见，农村居民点整理是破解经济社会发展中人地矛盾的有效途径。与此同时，2004年10月出台的《国务院关于深化改革严格土地管理的决定》（国发〔2004〕828号）正式提出："鼓励农村建设用地整理，城镇建设用地增加要与农村建设用地减少相挂钩。"2005年制定《关于规范城镇建设用地增加与农村建设用地减少相挂钩试点工作的意见》（国土资发〔2005〕207号）、2008年下发《城乡建设用地增减挂钩试点管理办法》。自国家政策相继出台以来，现在全国27个省（市、自治区）开展了试点。毋庸置疑，随着国家上述政策的出台，农村宅基地退出问题已经成为我国经济发展过程中的必然趋势。

实践层面上，各地人民政府在政策的引导下，纷纷制定和完善相关配套政策及方案，展开了以新农村建设、城镇化建设为依托，借助于"城乡建设用地增减挂钩""耕地占补平衡"等政策工具，以宅基地整理、置换等方式盘活农村宅基地，以实现减少农村建设用地、增加城镇建设用地的目标。当前我国农村低效利用的农村建设用地多为宅基地，政府关注的主要目标是如何引导农民退出宅基地。由于土地问题直接关系到农民切身的财产、经济利益和社会稳定，农民退地问题往往更艰难、更复杂，尚未形成全国比较公认的模式。但也形成了一些在全国具有影响力的地方模式，如浙江嘉兴的“两分两换”、天津的“宅基地换房”、重庆的“地票”交易、成都的“拆院并院”等模式。各地模式虽然在具体操作方式上存在一定的差异，其基本思路是推动农村宅基地退出和农民集中居住，通过宅基地复垦产生额外的建设用地指标以满足建设用地需求（汪晖，2011）。

毋庸置疑，增减挂钩政策的实施在保护耕地、促进土地节约集约利用以及改善农村生产生活条件、促进城乡统筹发展方面起到了积极的促进作用（张衍毓等，2009；郧文聚等，2010）。然而，挂钩政策涉及土地研究领域最敏感的两个问题，既涉及土地权属变更问题，又涉及宅基地退出问题，实际上是对土地空间利益的重新分配，直接关系着农民的政治利益和经济利益。农村宅基地退出中的农民土地权益问题成为增减挂钩政策有效运行的核心和关键。在我国严格限制农村宅基地流转和农村宅基地退出机制缺失的法律制度下，大部分地区农村宅基地退出的实践还是在行政区域内由地方各级政府主导进行。而恰恰是地方政府主导下的退出，可能由于政府和农民自身利益诉求的差异导致农民权益到不到有效的保护。事实上，在实践中，因农民权益受损也使得“增减挂钩”政策受到社会的广泛关注，甚至有人指责“‘增减挂钩’是新一轮对农民利益的剥夺”，从而引起了是否要继续推进试点的争论（王载乾等，2011；伍学林，2011）。各地在引导农民宅基地退出中普遍存在补偿安置标准过低、补偿范围小、挂钩指标收益分配不公、土地发展权被剥夺、在涉及农民利益主要环节农民参与机会少、违背农民意愿“强制农民上楼”、农民集中居住后福利状况变差等问题，造成了对农民权益的直接侵害以及对“增减挂钩政策”初衷的背离（蒋省三、刘守英，2007；汪晖等，2009；北京天则经济研究所中国土地问题课题组，2010）。农民的土地权益问题已经引起了政府的高度关注。2012 年 3 月，温家宝总理在第十一届全国人民代表大会第五次会议上明确指出：“土地承包经营权、宅基地使用权、集体收益分配权是法律赋予村民的财产权利，任何人都不能侵犯。”

随着增减挂钩政策的试行，以“新农村建设”“城乡统筹”发展为旗号的新一轮针对农村宅基地的“大拆大建”、瓜分农民耕地乃至宅基地的盛宴即将开始（陶然，2010）。作为一种探索性实践，各地在如何保障农民的宅基地权益方面缺乏权威的、上位的法规作指导，如执行不到位，会引发较尖锐的社会矛盾，直接影响到国家的稳定和长治久安。现阶段，我国已进入城乡统筹发展阶段，加快新农村建设和城市化进程是推进城乡统筹发展的重要手段，其前提是农民参与，分享权益（欧顺清，2008），不能以农民利益的牺牲作为代价，经济发展和社会进步的成果都需要相应地体现为农民生产生活状况的改善以及农民各种权益的落实到位（潘洪其，2006）。快速的城镇化阶段对耕地的严格保护使得村庄和宅基地成为城市扩张的低成本选择，城乡增减挂钩政策的实施使宅基地退出已经成为不可违背的大趋势。农民作为宅基地退出的主体，在宅基地退出中如何实现农民权益的保护显得尤为重要，这不仅是关系到我国统筹城乡发展的关键问题，更是关乎社会秩序平稳的重要条件。深入研究并切实解决这个重要问题成为本研究选题的基本初衷。

二、研究目的和意义

（一）研究目的

人多地少的基本国情，要求集约和节约利用土地资源；城镇化的发展需要寻求新的建设用地来源。城乡建设用地增减挂钩政策的出台成为实现农村土地要素流动的政策工具。农村宅基地作为农村集体建设用地的重要组成部分，是城乡建设用地增减挂钩政策有效运行的关键。全国各地开展了以“新型农村社区”“合村并镇”“宅基地置换”等为模式的农村宅基地退出实践。农村宅基地是其用于房屋建造的场所，对农民具有生活保障、获取收益、子孙继承，以免重新获得时掏大笔钱、被征后可得到补偿费等功能。宅基地退出意味着农民依附于宅基地上的土地权益的丧失，权益问题是农村宅基地退出的本质与核心。因此在农村宅基地退出过程中，必须尊重农户宅基地退出的意愿，充分考虑到农户退出过程中的权益保护，并对其进行合理的补偿，才能在合理引导农户退出宅基地的同时，切实保障农村集体经济组织和农民的合法土地权益，维持农村社会的稳定和农民的可持续发展。

本书的研究目的：

(1) 通过对文献的研究整理，对本研究的内容（农村宅基地退出与土地权益的内涵）进行清晰的界定，以确定和缩小本书的研究范围。

(2) 通过对农村宅基地退出产生的背景进行分析去寻找宅基地退出的理论依据，通过对宅基地退出典型模式的案例研究，揭示现阶段农村宅基地退出的主要特征和存在的共同问题。在此基础上揭示农村宅基地退出对农民土地权益的影响。

(3) 从微观视角考察农民宅基地退出前后农民权益保护问题。在农村宅基地退出中农民权益发生了怎样的变化？通过选取相应的指标，对退地农民上楼前后的权益变化进行测度和对比，探讨农村宅基地退出中农民权益保护问题，发现其中存在的问题，找出这些问题背后的原因，为构建农民权益保护提供改进的制度依据和政策依据。

（二）研究意义

在城乡增减挂钩政策实施过程中，面对农村宅基地退出中的农民权益问题，2010 年 12 月，国务院颁发了《严格规范城乡建设用地增减挂钩试点切实做好农村土地整治工作的通知》，规定农村居民点整理工作要充分尊重农民的利益诉求，其中产生的土地增值收益必须及时全部返还给农村。这充分说明党和国家对该问题的高度重视。农村宅基地退出的要义不仅在于提高土地资源配置效率，更要维持社会秩序平稳。目前各地大力推进城乡建设用地增减挂钩政策，农村宅基地是城乡建设用地增减挂钩政策有效运行的关键。农户是宅基地直接使用者，研究宅基地退出中农户层面的绩效，分析宅基地退出对农户土地权益的影响有重要的理论意义和现实意义。

（1）近年来，“建设与保护”的矛盾日益凸显，新增建设用地供需矛盾不断激化。农村宅基地闲置现象比较严重，其土地利用效率和效益均较低。这种现象不利于人口城镇化的发展，降低了土地资源的配置效率。无论是城镇化进程还是农民融资、农村的发展都离不开包括宅基地在内的农村土地的市场配置（龙花楼，2012）。随着工业化和城镇化的推进，城乡建设用地供需矛盾日益尖锐。2014 年 9 月，国土资源部颁布的《关于推进土地节约集约利用的指导意见》规定，“促进存量建设用地的布局优化，推动建设用地在城镇和农村内部、域乡之间合理流动”。通过宅基地退出，实现土地资源的城乡统一配置，不仅能够缓解城乡建设用地的供需矛盾，而且还有利于提高农村土地资源配置效率和利用效益，实现农村土地的资产化。

（2）对城乡建设用地增减挂钩背景下农村宅基地退出中农民权益保护问题的研究有助于科学认识、辩证看待农村宅基地退出及其他相关的城乡建设用地增减挂钩工作。农村宅基地退出关乎农民的切身利益，农民权益的变化情况能够反映出实施过程中哪些可能产生成效，哪些隐藏着问题。有助于科学制定城乡建设用地增减挂钩的实施方案，也有助于各级政府在推行城乡建设用地增减挂钩政策方面慎重决策。

（3）多年来失地农民利益受损一直是我国土地制度改革中的诟病，给社会稳定、城市理性发展、城乡统筹协调等方面带来了负面影响。本研究通过对政府公权力介入下的农民土地权益损益状况的研究，从微观、中观和宏观层面对影响农民权益的因素进行分析，找到导致农民土地权益受损的根源所在。这些为正确选择农民权益保护主体提供了有益参考。

（4）随着市场化、城市化、城乡一体化的发展，近年来，各个地方在破解城乡建设用地配置失调的困境时，创新了一些宅基地退出模式。这些模式在提高区域土地资源配置、保护农民土地权益和促进城乡统一市场建设等方面均发挥了重要作用。同时，现行的各种宅基地退出模式均存在一定的弊端，损害了农民的利益和全社会的福祉等。其主要原因之一是有关我国农村宅基地退出的法律、法规已经呈现理论比实践滞后的状况。本书通过对实践创新过程中新现象、新问题的研究为地方政府和中央政府出台规范城乡建设用地增减挂钩政策提供帮助，为推进农村宅基地流转制度创新提供有益的理论研究。此外，有望弥补当前国内土地流转研究领域关于土地退出专项研究的不足。

第二节　相关概念界定

核心概念的界定是研究农村宅基地退出中农民权益保护问题的基础，鉴于此，本书对城乡建设用地增减挂钩、宅基地与宅基地使用权、农村宅基地退出以及农民土地权益等核心概念进行阐述，以确定本书的研究范围和研究内容。

一、城乡建设用地增减挂钩

2005 年，国土资源部下发《关于规范城镇建设用地增加与农村建设用地减少相挂钩试点工作的意见》(国土资发〔2005〕207 号）规定，城乡建设用地增减挂钩（以下简称挂钩）是指："依据土地利用总体规划，将若干拟整理复垦为耕地的农村建设用地地块（即拆旧地块）和拟用于城镇建设的地块（即建新地块）等面积共同组成建新拆旧项目区（以下简称项目区），通过建新拆旧和土地整理复垦等措施，在保证项目区内各类土地面积平衡的基础上，最终实现增加耕地有效面积，提高耕地质量，节约集约利用建设用地，城乡用地布局更合理的目标。"[①] 本书将对"挂钩"政策的内涵进行分析：

从产权角度看，城乡建设用地增减挂钩是“土地发展权”的转移。这一过程具体表现为：首先拆旧区农民把自己的宅基地使用权退出，让渡给地方政府，地方政府再对宅基地进行复垦整理成为耕地，地方政府由于补充耕地而换取了建设占用耕地的指标，地方政府获得了“土地发展权”。实质上把土地发展权从拆旧区转移到建新区，使得发展权转出区发展受限而接受区得以开发建设，最终达到促进农村建设用地的集约利用与满足城镇建设用地需求，实现土地资源优化配置。在形式上表现为挂钩指标的生产与配置。

从参与主体看，包括土地发展权的转让主体和需求主体。从整个挂钩过程看，涉及前后两次的利益关系，第一次是拆旧区的农民把自己的宅基地退出，流转给地方政府，地方政府对退出的宅基地进行复垦整理成为耕地，地方政府由于补充耕地而换取了建设占用耕地的指标。这一过程涉及拥有宅基地使用权的农民与政府之间进行的利益分配关系。第二次是政府获得建设占用耕地指标后，在指标落地时（建新区）又发生了一次农地非农化过程的农民与地方政府之间的利益关系。在完成挂钩工作的过程中涉及土地发展权的转让主体——“拆旧区”的农民和农村集体经济组织，“土地发展权”的一级购买主体——地方政府，“土地发展权”的最终需求主体——“建新区”用地者需求者，如企业、个人或者是地方政府本身。从各地推行的实践看，地方政府是“土地发展权”的一级购买者，用地需求者通过行政或市场手段从政府手中购买“土地发展权”。从整体“挂钩”过程分析实质围绕土地发展权的配置及其可能带来的收益而开展（王婷，2012）。

从城乡建设用地增减挂钩的内涵可以看出，挂钩的关键是挂钩指标生产，而挂钩指标的生产主要是将拆旧区的农村建设用地整理复垦为耕地，以获得城镇建新的权利。而农村宅基地作为农村建设用地的重要组成部分，宅基地

---

① 国土资源部：《城乡建设用地增减挂钩试点管理办法》。

的退出是"挂钩"政策实施中指标生产环节的关键途径。挂钩指标与宅基地退出的关系如图 1–1 所示。

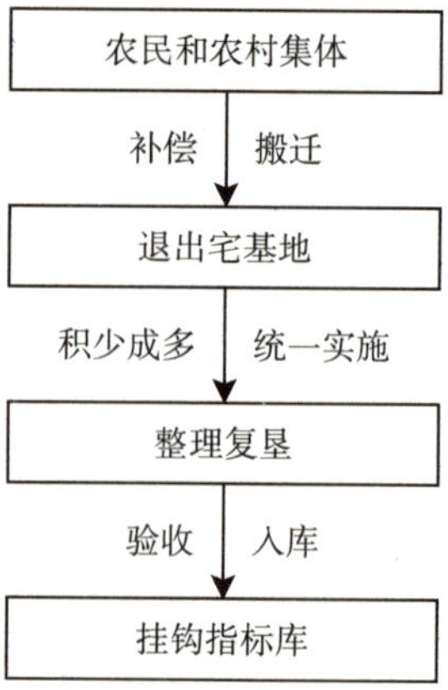

图 1–1　挂钩指标与宅基地退出的关系

二、农村宅基地退出的概念界定

（一）农村宅基地

本书研究的对象是宅基地，先探讨一下宅基地的概念。

"宅基地"作为专业法律术语最早出现于 1962 年中共八届三中全会通过的《农村人民公社工作条例修正草案》中第四章第二十一条的规定，迄今为止，"宅基地"的概念一直在法律文件中被沿用，但对于"宅基地"这一概念法律未做出明确的界定。1982 年的《中华人民共和国宪法》从土地属性对其做出了规定："城市的土地属于国家所有。农村和城市郊区的土地，除由法律规定属于国家集体所有的以外，属于集体所有；宅基地和自留地、自留山，也属于集体所有。"从《中华人民共和国土地管理法》第五章建设用地相关规定看，宅基地则属于建设用地的范畴。《物权法》在第十二章和第十三章分别对建设用地和农村宅基地做了规定，并将建设用地界定在国有土地的范围，而将宅基地规定为属于集体所有的住宅及其附属设施。

对于宅基地的内涵学术界也从不同角度进行了阐释。陈士银等（2007）认为，宅基地是指已建房屋、建过房屋或者决定用于建造房屋的土地，包括建了房屋的土地、建过房屋但已无上盖物不能居住的土地以及准备建房用的规划地三种类型。也有学者认为，宅基地是指农村集体经济组织保障农民生活需要拨给农户建造房屋的土地，包括住房用地、仓库、庭院、厕所、畜圈等（杨亚楠，2008））。陈洪博（1992）认为，宅基地是农村集体经济组织划拨给其成员用以建造房舍的土地。包括住房、辅助用房（如厨房、厕所、禽畜舍等）、沼气池和小庭院用地及房前屋后少量的绿化用地。王利明（2005）主持起草的《物权法草案》第八百九十二条规定："所谓宅基地，是指农村集体经济组织的成员依法批准用以建造个人住宅的农民集体所有的土地。"杨杰（2007）认为，农村宅基地不仅是一项土地制度，还是一项民事财产权利制度，其集农村居民的居住权、人身权、财产权于一体，是农民基本财产权利。

根据我国法律规定和相关学者的研究，宅基地概念具有以下三大特征：

第一，宅基地属于农村集体建设用地的范畴。

第二，宅基地的范围应该包括居住用房等主建筑物，仓库、厕所等附属设施，以及房子周围的庭院用地。

第三，宅基地是农村住宅的载体，具有其对居民有承载房屋、家庭生活场所、财富储备、经营辅助等功能。

（二）农村宅基地使用权

关于农村宅基地使用权的概念，不同的法律制度有不同的规定。《中华人民共和国国家标准土地基本术语》（GB/T19231—2003）中对宅基地使用权的定义为："经依法审批，由农村集体经济组织分配给其成员用于建筑住宅及其他有关附属物的、无使用期限限制的集体土地建设用地使用权。"《物权法》第一百五十二条规定："宅基地使用权是宅基地使用权人依法对集体所有的土地享有占有和使用的权利，有权依法用该土地建造住宅及附属设施。"

这一规定并没有对宅基地使用权的概念进行直接界定，而是对宅基地使用权人权利的规定影射出了农村宅基地使用权的概念。依据我国法律法规条文的规定，宅基地使用权具有以下特征：

（1）宅基地使用权的主体只能是农村集体经济组织的成员。

（2）宅基地使用权的客体是依法划拨农民集体所有的土地。

（3）农村宅基地使用权的内容主要包括占有、使用的合法权益。但是宅基地使用权作为一种用益物权，理应享有对宅基地收益、处置的权利。考虑到我国宅基地使用权的特殊性，对宅基地使用权的处置权在法律上进行了限制。

（4）农村宅基地使用权的期限是无限期使用。

（三）农村宅基地退出的内涵

长期以来，我国农村宅基地实行的是“一户一宅”“法定面积”“无偿取得”“限制流转”的制度，这种根植于计划经济福利思想之下的中国现行农村宅基地管理制度对于维护农民的基本生存权和确保农村社会的稳定发挥了积极作用。但是，随着工业化、城镇化的推进和农村劳动力大规模转移，中国农村宅基地利用出现了如普遍存在规模大、面积超标、一户多宅、闲置低效利用及随着城市化快速推进农村居民点面积不减反增等一系列问题（刘庆等，2004；胡进安等，2004；魏西云等，2006）。针对宅基地利用中出现的问题，有学者认为宅基地应进行市场化改革（韩康，2008），还有学者认为应实行宅基地有偿退出（岳永兵，2008；张秀智、丁锐，2009；吴康明等，2011）。农村宅基地退出问题引起了学术界的关注。目前，学术界对农村宅基地退出的研究处于实践阶段，尚未形成一致的和权威的定义。

欧阳安蛟等（2009）认为，在政府激励政策下，农村宅基地退出包括自愿退出现有的宅基地和主动放弃合法宅基地的申请，也包括强制收回农民“一户多宅”、面积超标等违法占用的多余宅基地。

张秀智等（2009）认为，在“保护耕地和集约节约利用土地”的前提下，农村宅基地退出包括三方面的内容：一是宅基地整理复垦；二是农民主动放弃宅基地及住房；三是宅基地流转。

彭长生等（2011）认为，在城乡一体化和新农村建设背景下，农村宅基地退出指："农户在政府政策引导下放弃其所获得的农村宅基地使用权。地方政府或村集体经济组织通过支付一定的对价或者采用另行安置办法，以诱导农户退出其所占用的宅基地，以实现'集约利用土地资源，为城市建设腾出更多的用地空间'。"农村宅基地退出的路径主要有"合理规划""集中居住""拆村并点"和"进城上楼"等。

综合上述学者的研究，农村宅基地退出至少包含以下几个共同点：

（1）宅基地退出是我国经济社会发展的客观趋势。

（2）现阶段宅基地退出至少是一种政府引导行为。

（3）宅基地退出的目的在于集约节约利用土地资源。

（4）宅基地退出具有不可逆性，参与宅基地退出意味着对原有生产、生活方式的放弃。

什么是农村宅基地退出？根据宅基地的特征和我国"房地一体"的规定，宅基地的退出必然涉及其上住房和附属设施。因此，为了准确掌握宅基地退出的概念，本书认为，需要从理论层面对其进行严格的界定，需要清楚以下几个问题：谁来推动农村宅基地即退出的主体是谁？宅基地退出的客体是什么？通过什么形式推动农村宅基地退出？农村宅基地退出中的主体和客体关系如图 1-2 所示。

1. 退出的主体

实践中，农村宅基地的退出过程涉及农民、农村集体、地方政府等多方主体。谁会成为推动农村宅基地退出的主体？

（1）农村集体。

根据《土地管理法》和《物权法》规定，我国农民集体所有的土地所有权属村民小组或村农民集体或乡（镇）农民集体所有，也就是说，农村集体

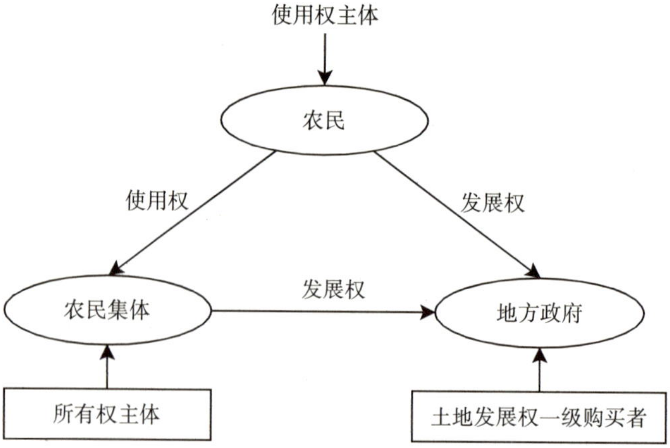

图 1–2　农村宅基地退出中的主体和客体关系

是农村建设用地所有权的主体。现行《土地管理法》第六十五条确立了宅基地的收回制度，并原则性规定了宅基地使用权收回的几种情形，如“对空闲或房屋倒塌、拆除两年以上未恢复使用的宅基地，因撤销、迁移等原因而停止使用的土地，可由集体收回使用权”。从法律规定看，农村集体收回宅基地是农村宅基地退出的合法途径，退出的宅基地使用权归还给所有权主体即农村集体，实现所有权与使用权的统一。当然，集体承担宅基地退出产生的费用，应由集体获得宅基地退出后产生的收益补偿。但现实中普遍集体经济实力不强，对于宅基地收回过程中的建筑物补偿及收回后的整理复垦等都需要大笔的资金，而通过整理后的土地都不能取得很好的经济效益，因此集体收回的动力缺乏。这为地方政府的介入与推进提供了空间。

（2）农民。

根据《土地管理法》规定，宅基地使用权主体为符合宅基地建房申请条件的集体经济组织成员，农民可依法在其拥有的土地上建造住宅及其附属设施。从宅基地使用权的取得看，宅基地使用权具有无偿性、无期限占有、限制流转性的特点。宅基地使用权的法律规定使宅基地不存在保有成本，再加上农民没有宅基地的收益和处分权，无法转让和买卖，即使宅基地已闲置，也很少有农民主动将其无偿退还给农村集体。

（3）地方政府。

地方政府是法律法规、制度的制定者和执行的管理与监督者，在宅基地的退出中承担着监督、管理与引导、推进的职能。如前所述，宅基地使用者和宅基地所有者在退出中缺乏动力，改变农村宅基地利用现状的可能性不大。然而，在城乡统筹发展过程中，城镇的快速发展对建设用地的强烈需求会改变农村宅基地利用的自然状态，地方政府试图在城乡土地中寻求新的平衡点。因此，在城乡建设用地增减挂钩政策出台后，地方政府有着强烈推动农村宅基地退出的动力，旨在通过农村宅基地退出，一方面获得城镇建设发展的用地指标，另一方面获得土地收益，推动地方经济发展。因此，地方政府成为农村宅基地退出的推动主体。

2. 退出的客体

从宅基地退出的客体分析，农民让渡宅基地使用权，或换得安置房、或换得货币补偿，而政府获得宅基地使用权后，并不是将宅基地使用权进行流转出让，而是将宅基地复垦后获得建设用地指标。农村宅基地整理复垦后的耕地的所有权和使用权仍然由农村集体经济组织享有，政府仅是拿走了宅基地建设占用耕地的权利。其本质是“土地发展权”的转移（田光明，2011；汪晖等，2011）。通过土地发展权的转移，使农民和农村集体让出其土地发展权并承担起耕地保护的责任，不得随意开发建设，而地方政府获得发展权，可在城镇建新区发展建设。由此，挂钩政策的实施优化了城乡土地资源的空间配置。从这一过程看，宅基地退出的客体是退出前后附着在宅基地上变化了的权利，包括退出前宅基地的使用权、房屋所有权以及退出整理成耕地后的发展权。

3. 退出的形式

依据我国《土地管理法》相关规定，农民宅基地退出途径主要有如下几种：一是集体内部流转。农民没有宅基地所有权，只有宅基地使用权，农民的收益权和处分权受到法律的严格限制，宅基地使用权不能单独转让、出租、抵押，也不能像其他财产一样可以继承，但建在宅基地上房产及其构筑物，法律规定属于农民的私产，可以自由处置。按照“地随房走”的原则，宅基地使用权及地上附着物所有权让渡给本集体内符合条件的成员。

二是征收。《中华人民共和国宪法》第十条规定：“国家为了公共利益的需要，可以依照法律规定对土地实行征用。”由于土地被国家或地方政府以公共利益的名义征用，一部分农民被迫丧失宅基地使用权。

三是集体收回。现行《土地管理法》第六十五条确立了宅基地的收回制度。上述法律规定的农村宅基地退出途径单一，退出的相关规定较少，难以实现农村宅基地的有效退出。

本书不考虑这三种形式下的农村宅基地退出。

自增减挂钩政策实施以来，地方政府成为推动农村宅基地退出的主体，农民宅基地退出形式大致分为两种：一是以新农村建设为背景，政府通过宅基地整理、复垦等方式（也有学者称其为农村居民点整理、村庄整理）推动农民集中从而实现农村宅基地退出。在此过程中并不涉及农民身份的必然改变，必定涉及农民居住空间的改变而退出原宅基地；二是以城乡一体化发展为背景，政府用城镇户口与相应的城镇公共服务引导农民自愿放弃其宅基地和住房，实践中通常采用宅基地置换的方式，它在一定程度上鼓励有条件的农民彻底放弃农村宅基地使用权成为城镇居民。在此过程中也涉及农民农用地流转问题以及所带来的居住方式、生活方式、就业方式转换和社会保障问题（徐小峰等，2011）。

综上所述，本书研究的农村宅基地退出既不是农民自发的隐形流转，也不是土地征收下的退出。本研究将农村宅基地退出置于城乡统筹发展视角下，以新农村、城镇化建设为背景，以“城乡建设用地增减挂钩”为政策工具，农民在政府政策引导下自愿放弃宅基地及其地上建筑物和附着物，政府支付一定的对价对农户退出其所占用的宅基地、房屋及附属物进行对等的补偿，实现农民集中居住的过程。

农村宅基地退出遵循两个基本原则：第一，按照农户“自愿”的原则。也就是政府提供一个相对合理的政策制度，农民立足于自身的基本条件做出自愿的选择，政府不得强制推进；第二，宅基地退出遵循“有偿”原则，即农民退出宅基地使用权及其地上建筑物和附着物应获得对等的补偿。

对等的补偿至少包括两层含义：一是对宅基地及其地上房屋和附属设施的现实价值（主要考虑居住用地和生产用地带来的经济损失）进行补偿；二是对“宅基地发展权”进行补偿。

前文已经论述过，现阶段的农村宅基地退出主要源于地方政府为解决城镇发展用地需求与耕地保护的矛盾。政府主导下的农村宅基地退出本质是需要“宅基地发展权”，对农民的补偿理应将“宅基地发展权”转移后所带来的部分增值收益返还给农民（王婷，2012）。

三、农民土地权益

权益是个法律概念，可以分为“权”和“益”。“权”重在指民主权利或政治权利，“益”重在指物质利益或经济利益。“权”与“益”是不可分割的统一体。“益”是“权”的基础，“权”是“益”的保障。目前，学术界主要从两个角度对于农民土地权益进行界定：一部分学者从农民基于土地享有的“权益”出发，认为农民土地权益是与农民土地相关的各项权利。如万朝林（2003）认为，农民与土地相关的权利为生存权、经济权、就业权、财产权以及政治文化、教育等方面的权利和利益。栾谨崇、于学花（2005）从实践的角度对与土地相关的权益进行了重新审视，他们认为农民的土地财产权益、社会保障权益、就业权益与土地联系最紧密，对农民影响最大。林诩（2009）认为，土地权益界包括土地权利和土地收益两部分，还包括因土地功能而带来的各种附属收益如生存权、发展权、就业权、社会保障权等权利。另一部分学者从产权视角定义，如刘书楷（1996）认为，农民土地权益就是农民对土地占有、使用、收益和处分的权利。吴志刚（2012）认为，农民土地权益包括农民土地实体权益（经济权益、政治权益、社会权益、文化权益）和农民土地程序权益（如请求权）。

综合上述观点，本书所研究的宅基地权益不仅指农民享有的宅基地权利以及行使宅基地权利所能获取的收益，而且还包括宅基地功能带来的附属权利。具体权益包括农民基于主体身份（宅基地使用权和住宅所有权主体）和宅基地功能、基于政策规定中农民应该享有的经济权益、政治权益和社会权益的综合。具体的权益内涵分析将在第三章详细介绍。

第三节　国内外研究综述

一、国外研究现状分析

西方国家的农村宅基地绝大部分由私人所有，其产权人可以依法对其占有的土地产权自由处置。西方发达国家的土地制度大多是建立在《物权法》基础上的，所有者和使用者的权利与义务都有严格的法律予以规范，而且市场体系较完善，市场机制是资源配置的主要手段，物权流转不受限制。因此，在国外的学术成果中关于农村宅基地退出的研究相对较少。不过，有些相关研究成果对我国农村宅基地退出的探索提供了重要的启发和借鉴价值。Deinigerhe 和 Jin（2009）认为，土地政策干预直接或间接地影响农村土地财产权的安全性。这说明了宅基地退出要制定合理的政策，并减少不当的政府干预。Awasthi（2009）研究表明，印度的土地市场发育较低，购买土地的交易费用非常高，对土地租赁管制降低了贫苦生产者的租赁交易效率；而法律授权则可以提高效率。在市场化程度较低的农村地区，宅基地退出的交易成本会很高，不过通过立法可以提高宅基地退出的效率。Macmillam（2000）通过对苏格兰的土地管理研究表明，国家干预并不总是有效率，甚至会造成失败；地域性土地垄断会使能够获取土地资源的人变得更少。在土地市场中，适当的政府干预是必要的。然而，要考虑政府干预的时机和方法是否恰当；同时，要让更多的土地使用者能够获取土地资源，减少垄断性和人为设置的障碍。

国外对农民土地权益的研究侧重于从农地非农化流转方面展开。尽管各国的土地制度不同，但这些研究成果对于本书的研究仍有一定的借鉴意义。

关于国外对土地流转中农民土地权益的研究：

一是对失地农民的权益问题进行研究。大部分学者集中从土地产权视角关注农民权益保护问题。Berry（2001）认为，土地产权与利益分配不公会扭曲经济的运行，这将加快财富从穷人向富人身上转移，导致整个社会的不公平迅速加剧。所以，清晰而合理的土地产权会促进土地有效利用与技术的进步，刺激对土地的投资和增加土地交易的机会，有效降低贫困，促进整个社会经济的发展与稳定。H. G. Jaeoby 等（2002）认为，农民权益缺乏保障的制度根源在于地权的不安全性。Loren Brand（2002）进一步研究指出，农民土地权益受损源于地方政府的行为影响了地权的安全性。Guo Li、Scotte Rozelle（2002）研究发现，失地农民的利益没有得到有效保护的原因是土地利益再分配、土地征收带来的地权不安全影响了农户的投资。Jimenez（1984）、Friedman 等（1958）、Holy（1996）等都证明不完全的土地产权（如征收后未能给予公平补偿引起的土地产权安全性降低）不仅影响土地利用效率，也将影响城市公共产品的供应。同时，征收补偿过低造成的征收风险会阻碍农民对农地的投资（Jacoby，2001）。Butler 强调政府的职责应该定位明确，政府要严格约束自身的行为，通过合法、公开透明的手段对土地利用进行管制，不能侵犯土地市场的独立性与公民的土地产权。Kironde（2002）认为，政府以很低甚至是零补偿的方式征用农民土地，结果会导致大部分失地农民处于耕种无地、生活困难的境地。在非洲国家，征用土地价格为市场价格的 10%~20%，这将势必让大量的资源与财富从穷人向富人转移。土地征用过程利益分配和补偿的不合理容易引发大量的土地冲突。

二是关于土地补偿方面的研究。RDI（2004）的报告建议，征地补偿以公平的市场价格为基础，同时确定最低补偿标准。对于“公共目的”的征地，利益补偿费用的分配原则为集体占比 5%~25%、农户占比 75%~95%。经营性用地的协商流转，分配原则是国家占比 5%、集体占比 5%~25%、农户占比 70%~90%。他还建议，土地补偿费的管理和发放通过中介监督机构来执行。Ednorsal（2001）的研究表明，政府征用土地，个人应该获得完全体现市场价值的补偿，补偿标准的合理制定可依据保障失地农民合理利益的成本来确定，或者根据被征土地所承载农民安置的实际社会成本来确定。Fischeland Shapir（1998）认为，以市场价值为补偿标准可提高经济效益，以低于社会成本取得土地会影响土地资源的优化配置。

三是关注农民收益的保障和产权的保障。Mark W. Skinner，Richard G. Kuhn 和 Alun E. Joseph（2001）指出，工业化和城市化已经造成重大的经济、社会和环境变化，导致现有的农民农地退化和丧失，而地方政府给出的农地保护政策很少，应该尽快加以弥补。美国华盛顿大学农村发展研究所蒂姆·汉斯塔德和大卫·布莱索（2000）认为，中国农村农地制度和法制改革面临三大挑战：使农民获得有保障的农地使用权；培育农地市场；确定和保护大众在农地中的合法权益。这其实说明，制度变迁带来的农民收益增加、产权优化安排以及相关的制度保障，三者缺一不可。

总体而言，国外研究成果表明，在土地制度变迁过程中，土地产权的安全性与否、土地补偿政策、政府行为等要素是影响农民权益受损的直接原因。为了有效保障农民土地权益，应该从产权的稳定、政府行为、征地补偿制度的完善等方面加以改进。

二、国内研究现状分析

本书的研究针对城乡建设用地增减挂钩制度下农村宅基地退出对农民权益的影响，拟从以下三方面对文献进行梳理。

（一）关于城乡建设用地增减挂钩的研究

城乡建设用地增减挂钩从20世纪90年代后期出现了自发开展的情况，2000年左右政府开始进行政策引导，到2006年逐渐开始形成完整的挂钩政策，并在全国范围内推进挂钩试点工作。理论界也对增减挂钩实践展开了相关研究。

1. 城乡建设用地增减挂钩意义的研究

城乡建设用地增减挂钩是统筹城乡土地利用的重要措施，给三次产业的发展带来了积极影响（姬涛，2010）。挂钩政策的实施，有利于优化用地结构、提高集约用地程度，有利于加速农村城镇化、现代化进程（张宇，2006；庄杜明，2005），能有效保持耕地总量动态平衡、改善农村生产生活条件和环境，实现城乡统筹（周击，2011；买晓森，2008）。

2. 城乡建设用地增减挂钩模式研究

从组织实施主体划分，包括政府主导实施模式、市场主导实施模式与农民集体组织实施模式三种（王君等，2007）。从安置模式划分，包括“迁村并居”模式、就地城镇化产业化发展模式、统规自建模式、“定销房+社保”模式、“以宅基地换房进行示范小城镇建设”模式、“双置换”模式等（戴媛媛，2011；陈科，2011）。）从居住模式划分，有公寓化或社区化整理模式、村庄整体搬迁异地改造模式、缩并自然村建设中心村模式以及村庄内部用地改造控制模式等（朱华燕，2006）。

3. 城乡建设用地增减挂钩存在的问题及对策研究

实践中存在个别地方违背农民意愿强拆强建、少数地方片面追求用地指标，擅自开展试点或扩大试点范围，扩大周转指标规模、有些周转指标不能按时归还以及公众参与不足（刘建生，2011）、存在利益偏向问题、农民的合法权益未充分考虑（曲衍波、张凤荣等，2010）等问题。刘建生、王志凤、孟展（2011）提出，要尊重民意、保障权益；因地制宜、有序推进；统筹规划、规范管理；加大监控力度。易小燕等（2011）指出要明晰土地产权，保障农民权益。鲍家伟、陈宵（2011）指出，增减挂钩应重视三个平衡：土地平衡是基础、农民心理平衡是根本、资金平衡是关键。

（二）关于农村宅基地退出的研究

由于我国宅基地使用权的设立是国家无偿赋予农村居民的一种福利保障，不是市场化资源配置的结果。因此，农村宅基地的流转与退出不可避免受到法律的限制。如立法者对宅基地使用权流转设立限制，根本的出发点在于保护稀缺的土地资源，保障农民的基本居住。当然，国家法律规定是在我国计划经济时代下提出的，具有其存在的合理性基础。那么，在我国城乡二元结构逐步解体，城镇化不断加快、农村劳动力大规模转移的现实背景下，对农村宅基地使用制度的诸多限制凸显出其存在的弊端，如“一户多宅”“空心村”等现象较为普遍，造成农村宅基地利用率低下。一边是城镇快速发展对建设用地的强烈需求，一边是低效、闲置和限制流动且无偿无期限使用的农村宅基地。如何将城镇建设用地增加与农村建设用地减少有机结合起来从而实现城乡土地资源的优化配置？2005 年国家出台了城乡建设用地增减挂钩政策。农村宅基地作为农村建设用地的重要组成部分，其退出成为各地政府关注的主要目标。近几年，对农村宅基地退出的研究逐步进入了学者们的视野中。通过对宅基地退出文献整理，在宅基地退出的意义与必要性、如何建立宅基地退出机制、农村宅基地退出的方式、农民宅基地退出的影响因素与意愿等方面已形成了初步的研究成果。

1. 关于农村宅基地退出机制研究

黄星（2009）认为，宅基地废弃、闲置、低效利用现象严重，在一定程度上加大了建设用地指标控制和耕地保护的压力，提高宅基地节约集约利用水平的关键是建立科学合理的宅基地退出机制。

欧阳安蛟等（2009）认为，宅基地退出机制的缺失导致中国农村宅基地利用存在诸多问题，并提出了引力、压力、推力三方面协同的退出机制，引力机制主要是通过建立退出补偿制度和多元化的住房保障体系来引导有条件的农户主动退出闲置的宅基地和主动放弃合法宅基地的申请。压力机制主要是通过建立宅基地有偿使用制度促使面积超标、一户多宅等违法宅基地的退出。推力机制是通过农村宅基地整理、复垦、置换推动农村宅基地退出。

周其仁（2007）提出了城乡建设用地挂钩流转的设想，主张政府在依法、自愿、有偿的前提下，引导农民退出宅基地，实现城乡土地利用指标的跨区域转移，以土地的集约节约利用，达到既保护耕地又弹性增加城镇建设用地指标的双重目的。

徐绍史（2010）从土地宏观调控在调整经济结构和转变经济发展方式中的作用着手，分析了合理引导农民退出宅基地，有利于实施最严格的节约用地制度，完善国土开源节流机制。

于跃龙（2013）在调查农民的宅基地退出和补偿意愿的基础上，探讨了建立促进农民宅基地退出的利益实现和保护机制、规范节余指标利用及合理的利益分配机制、农村宅基地退出与成长住房保障衔接及转换机制等。

2. 农村宅基地退出内涵和方式研究

由于对宅基地退出的研究处于实践阶段，尚未对宅基地退出的内涵形成一致的观点。

单金海（2009）认为，宅基地退出是指遵循“自愿”“有偿”的前提下，农村宅基地使用权主体的自愿退出。欧阳安蛟、蔡锋铭等（2009）进一步对农村宅基地退出的内涵进行拓展，他们认为农村宅基地退出包括有条件的农民自愿退出，农村集体对违法宅基地（如一户多宅、面积超标）的强制收回，政府推动下的农村宅基地整理、复垦、置换三种情形。

张秀智等（2009）则认为，农村宅基地退出包括宅基地整理复垦为耕地、农民主动退出、宅基地流转三种情形。

根据我国正式制度和非正式制度的相关规定，农村宅基地退出方式大体分为两大类：一是正式制度规定下的宅基地退出方式，主要包括土地征收下的被动退出和农村集体内部的相互转让；二是非正式制度下的退出方式，主要是指政策推动下的退出。如城乡建设用地增减挂钩政策下和新农村建设过程中的农村"宅基地置换""宅基地整理""拆村并点"等形式。由于宅基地退出具有较强的区域差异，发达地区与欠发达地区之间、近郊区与远郊区之间的退出呈现不同特点，从而形成不同的代表模式。

卢艳霞等（2011）总结了浙江省农村宅基地退出的三种模式，包括拆除危改旧建新宅退出模式、下山移民建新宅退出模式、两分两换建两新退出模式。

蔡国立等（2012）对全国各地较为典型的退出模式提炼为三种模式：宅基地置换、宅基地流转、宅基地指标"虚拟化"交易。

徐小峰（2012）根据宅基地退出的组织主体不同，将退出方式划分为四类：政府主导型、村民自发型、企业推动型、市场配置型。

张长春等（2013）将实践中的宅基地退出模式提炼为四种模式：城镇化村庄改造模式、村庄内部改造模式、整体搬迁改造模式、中心村建设模式。

3. 关于农民宅基地退出障碍因素研究

农户宅基地的退出不同于国家征地，完全不具有强制性，是根据政策的制定与宣传，由政府引导、在充分保障农户利益的前提下，尊重农户的退出意愿而实施退出的过程。有部分学者对农民宅基地退出意愿及影响因素进行了研究。陈霄（2012）利用重庆市"两翼"地区 1012 户农户的调查数据，建立 Probit 模型，分析了农民宅基地退出意愿的影响因素，并认为农民的年龄、受教育程度、家庭收入状况、家庭需赡养的老人数量、宅基地退出补偿方式的多样性选择对农民宅基地退出意愿有正向影响；家庭成员务工工作变换频率、家庭需抚养的子女数量、现有住房面积、宅基地面积对农民宅基地退出意愿有负向影响。

张怡然、邱道持等（2011）基于重庆市开县357份农民工的调查，分析了农民工进城落户与宅基地退出的影响因素，认为农村宅基地具有保障安居、以房养老、储备家庭财产以及支持副业生产等效用，宅基地的保障功能、经济补偿期望值、家庭经济收入状况、技能培训状况、家庭赡养人口状况等因素显著影响到农民工宅基地退出意愿，并建议在制定农民工进城落户与宅基地退出政策时，应适时建立统筹城乡的农村宅基地退出补偿机制，解除农民工退出宅基地的后顾之忧。

张秀智等（2009）通过对辽宁、湖南和北京的3个村庄案例分析发现，农村宅基地退出的主导因素为政府财政投入和集体产权设置，农民就业模式、农民土地依赖度和农村发展的地区特色是关键的微观因素，提出了农村宅基地退出政府的主体作用，但必须充分重视、调动和发挥农民的自主性。

（三）农民土地权益问题的相关研究

对有关农民土地权益的文献进行搜索发现，主要包括土地权益的内涵、不同土地流转形式（土地征收、农村承包地流转、农村集体建设用地流转）与农民权益问题。由于土地征收和农村集体建设用地流转都会涉及农村宅基地问题，本书重点讨论这两种流转方式与农民权益问题。

1. 土地权益内涵的相关研究

虽然农民土地权益问题早已为人们所关注，但是，目前我国尚没有对农民土地权益的完整定义。目前学者从两个角度分析和界定农民土地权益：

一是从产权的视角定义，主张农民土地权益是指农民所享有的物权体系内的土地权益。如刘安华（2010）认为，农民土地权益是指以农村土地作为财产客体的各种权利的总和，包括土地所有权、使用权、收益权、处分权等。

二是农民基于与“土地”相关的各项权利。万朝林（2003）将农民与土地相关的权利概括为生存权、经济权、就业权、财产权以及政治文化、教育等方面的权利和利益。栾谨崇、于学花（2005）从实践的角度对与土地相关的权益进行重新审视，他们认为，农民的土地财产权益、社会保障权益、就业权益与土地联系最紧密，对农民影响最大。邵绘春（2010）认为，农民土地权益就是农民应享有的与土地相关的民主政治权利与经济物质利益的总称，具体包括经济权益、政治权益和社会权益。林诩（2009）结合上面两种观点，认为土地权益除包括土地权利和土地收益两个大部分外，还包括因土地功能而带来的各种附属收益如生存权、发展权、就业权、社会保障权等权利。吴志刚（2012）认为，农民土地权益包括农民土地实体权益和农民土地程序权益。农民土地实体权益主要包括农民土地经济权益、农民土地政治权益、农民土地社会权益和农民土地文化权益等内容。农民土地程序权益主要是指因保障农民土地实体权益而自然延伸出来的权益，如农民土地纠纷行政裁决请求权和农民土地纠纷司法裁判请求权等。

2. 土地征收与农民权益问题

学术界主要从三个方面对这一问题进行研究：

一是从理论和实证分析了农民土地权益的受损现状（白呈明，2003；张寿正，2004；袁堂明，2003；于华江，2004；钱忠好，2007；高进云，2007；梁爽，2009）等。

二是分析了农村土地权益受损的原因，主要在于集体产权问题（郭玉田，2000；孔祥利，2004；何建华，2005）、政府行政权力（黄小虎，2002；刘守英，2003；钱忠好，2005；等等）、补偿标准问题（高勇，2004；盛广恒，2005；宗兴厚，2005）、增值收益分配不合理（曲福田，2001；黄祖辉等，2002；钱忠好等，2004）。赵锡斌（2003）、曹志海（2007）等认为社会保障不健全导致了农民权益受损。

三是农民土地权益保护研究。部分学者从补偿标准合理化表现在补偿标准、补偿内容、补偿费分配三个方面来保护农民权益（高勇，2004；沈守愚，2002；朱明芬，2003；张全景、王万茂，2003；黄祖辉、汪晖，2002；曲福田，2001，2004）。蔡传斌、方竞（2006），张晓玲、卢海元、米红（2006）等从安置方式的改革来消除失地农民的后顾之忧。杨盛海、曹金波（2004），马驰、张荣（2004），徐元明（2004）等提出了尽快完善失地农民的长期社会保障。

3. *农村建设用地流转与农民权益问题研究*

关于集体建设用地流转与农民权益问题研究，如集体建设用地流转与农民权益间的关系研究。一些学者认为在农村集体建设用地流转过程中产权关系混乱导致流转收益分配复杂，农民利益受损（陈利根等，2002），土地产权不明晰给政治力量介入的机会（党国英，2008），再加上农村集体经济组织的缺失，集体土地事实上由乡镇政府或村委会代为管理（刘双良，2009），导致农民在土地流转中处于被动地位，得不到应有的报酬，而使兼国家政策执行者与集体产权的管理者两重身份于一身的管理者成为强势利益主体，形成了“分利集团”（程世勇、李伟群，2009）；也有学者认为集体建设用地流转存在价格问题，提出了构建集体建设用地流转价格的评估方案和完善流转价格评估来保障农民权益（嵇金鑫，2008）。如何保障农民权益是成功流转的关键，目前集体建设用地流转中农民权益表述模糊，农民权益受到侵犯现象严重，法律对土地产权的权利边界界定不清，或者界定之后又不能维护这种界定的有效性，因此，如何完善农村集体建设用地流转中农民权益保障制度，对解决“三农”问题，以及经济、社会稳定持续发展意义重大（左小兵等，2010）。

学者们关于农村集体建设用地流转中农民权益相关问题的实证经验研究，主要从实证研究和案例研究的角度分析具体实践中的农村集体建设用地流转与农民权益保护的问题。有些学者在对试点区进行调查之后，发现其对农民增收和保障农民各方面权利上起到了显著的推动作用（黄庆杰，2007；朱林兴，2009）。相对于在远离城市的农村，在城中村和城市近郊区，由于其流转量非常大，农民普遍十分重视，所以，流转的规范和程序相应也比较完善，农民受损的程度相对不太明显（朱启臻等，2009）。更为细致的实证研究和案例研究也在最近几年陆续出现，有学者从现代产权理论、公共物品理论与博弈均衡理论的角度分析了集体建设用地流转与农民权益保护（刘双良等，2009），以及通过构建农村集体建设用地流转博弈模型和农村集体经济组织与个体农户博弈模型，分析不同条件下博弈的均衡和集体建设用地流转中农民权益保护情况（林江斌，2011）。而一些学者对昆山试点集体建设用地流转的现状和问题进行分析，认为农民法制权利意识模糊，消极对待受损现状；农民知情权、决策权、参与监督权、收益权均未得到良好保障；合作社股份合作制是良好保障农民权益的形式，但对外缺乏宣传，侵害了农民的知情权（徐慧金等，2011）。

4. 农村宅基地退出过程中的农民土地权益研究

近年来，随着统筹城乡发展的大力推进，为破解城乡发展的土地难题，在城乡建设用地增减挂钩政策的实施下，各地进行了以农村宅基地整理、置换的有益的探索，如浙江嘉兴、天津等地开展的“宅基地换房”模式，重庆、成都等地开展的“双放弃”模式，江苏、上海等地的“三集中”模式，这些模式实际上是拿城市高层次的社会保障或者住房引致农民退出宅基地，进而通过农村宅基地的复垦，增加耕地面积，促进土地的规模化经营，通过区域建设用地指标置换，为区域城镇化提供土地保障。例如，重庆开展的“地票”交易更是通过宅基地复垦后的建设用地指标的交易，达到反哺“三农”的效果。针对宅基地退出中的农民权益受损问题，国内学者们主要从以下几方面展开了研究：

（1）农民宅基地权益受损理论研究。我国法律限制下，以“宅基地置换”形式推动的宅基地退出中普遍存在农民的意愿得不到有效尊重（肖碧林，2011）、基本保障丧失、收益权受损（王延强，2008）。孙建伟（2011）等以上海2003~2010年的农村宅基地置换为例，研究发现，在农村宅基地置换过程中，农民的意愿权利受到侵害，宅基地置换后，农民住房权保障和生存权保障问题相对比较凸显。郭斌、武小岩（2007）认为，在宅基地置换的过程中，村民子女的受教育权也受到了一定影响。潘国建、姚佳威（2010）指出，在拆村并点过程中农民的知情权没能得到体现。韩俊（2007）通过对全国十余个县市实践调查发现，农民的参与权、知情权、收益权、保障权等权利在农民集中居住过程中均受到损害。张力心（2013）对重庆“地票”交易研究发现，农民的经济权益和参与权受损严重。

（2）关于农民宅基地权益受损的实证研究。李悦（2012）以山东肥城为例，从农民福利状况变化说明农民土地权益的保护现状研究结果显示：农村宅基地退出，一方面让农村居民的居住条件得到了改善，另一方面导致农民经济状况、社会保障状况、生活环境、心理状况都出现下降，退地农民福利受损。诸培新（2012）等以江苏省南通市某镇的“万顷良田建设工程”为例，分析了宅基地退出整理复垦后的土地增值收益分配，农户损失了72%的宅基地所有权和使用权。农民为获得安置区的新住宅，一般需要在退出补偿款全部抵扣的基础上再支付2万~3万元的购置款，该地方政府有3600多万元的净收益。马林靖（2012）等以天津宅基地换房为例，采用倍差分析法评估天津华明镇“宅基地换房”后对换房农民就业和收入的影响，结果发现：农民人均纯收入从2006年的0.58万元下降到2009年的0.16万元。有就业愿望的无业劳动力比例从9%上升到14%。侯文浩（2013）通过对南京市六合区以“宅基地换房”和“统筹统建”退出宅基地的农民调查显示，农民的知情权、收益权及社会保障权益都不同程度受到侵犯。

（3）关于农民宅基地权益受损原因及对策研究。对于农村宅基地退出中存在的权益受损原因，学者从不同角度进行了解释。

第一，土地利益冲突的焦点。一些学者认为，在当前政府主导的农村宅基地流转中，农户是利益博弈主体中的弱势群体，农村集体、农户、宅基地使用者和地方政府由于各自利益最大化的要求引发彼此之间以宅基地“隐形溢出效应”（关江华、黄朝禧，2013）、“土地发展权争夺”（严金海，2011）为争端的利益冲突，从而导致整个社会福利受损，其根源在于集体宅基地产权设计与治理结构的内在缺陷，并且提出以农民权益保护为出发点重新界定宅基地产权。

第二，补偿安置存在问题。一些学者认为，现有农村宅基地退出中受损的原因在于补偿标准不合理（包婷婷，2012）、宅基地价值补偿不足（岳永斌等，2011）、补偿价格随意性（王兰兰等，2012），在此基础上提出了从农村宅基地补偿标准、补偿内容、补偿分配来构建农村宅基地退出补偿制度。

第三，政府行为。汪晖等（2011）认为，政府作为“土地发展权”交易中的主体，要保证资源的有效利用和对收益的公平分配必须要明确界定土地发展权归属、明确权利的主体和如何搭建一个市场化的平台，以实现效率和公平兼顾的帕累托改进。贺鲲鹏等（2011）、马俊（2012）认为，政府利益取向导致农民权益受损。

第四，现行法律法规的缺陷。宋萍（2012）认为，在“拆村并点”过程中，农民权益受到损害的主要原因在于现行法律法规的缺陷，房屋置换后的土地产权归属在法律层面缺乏规定（孙建伟，2010；银正宗，2011），无法有效保障且保证农民宅基地财产权益，建议国家立法机关应该尽快针对农村宅基地问题制定专门的法律来明确宅基地置换中的土地产权关系。

（四）国内外研究现状述评

现有的研究从经济学、社会学、管理学、法学等多种学科对农民土地权益内涵、土地征收、农村集体建设用地流转与农民权益保护等方面开展了很多具有积极意义的工作，研究发现，无论是土地征收、集体建设用地流转，还是农村宅基地退出，普遍存在农民权益受到大规模、深程度的侵害。普遍认为，制度的不完善是农民权益屡遭侵犯的根本原因，并提出了保护农民权益的路径与对策。这些有意义的成果对本书开展的研究将产生重要的指导意义。

中国城镇化与工业化快速发展进程中的农村土地问题，不仅取决于经济发展阶段的特征，也与该阶段的制度和政策环境有密切关联。农村宅基地退出是我国“城乡建设用地增减挂钩”政策下的产物，是为化解各地方政府城镇建设用地“瓶颈”而进行的一项创新，也是我国统筹城乡土地利用的实践探索。近几年，农村宅基地退出问题才逐渐成为学术研究的热点问题。

目前对于宅基地退出的相关研究主要集中于宅基地退出的必要性、可行性、模式、农民退出意愿等方面的研究，现有研究普遍认为农村宅基地退出有利于农村人口的城市转移，加速城镇化进程，促进土地资源的高效利用，但对农村宅基地退出的内涵没有明确的规定。

部分学者在对实践中以各种形式推动的农民宅基地退出研究中发现，农村宅基地退出在一定程度上有损农民的土地权益，但对于农村宅基地退出中农民权益的研究文献极为少见。从仅有的研究来看，多数学者从一个层面对土地权益的受损进行了分析，缺乏对宅基地退出中农民权益内涵的全面界定。仅仅从一个层面考虑农民土地权益就相当于缩小了农民土地权益的内涵，使本应该属于农民的权益得不到有效保护，不能够构建真正有效可行的农民土地权益保障体系。

从当前国内对农村宅基地退出中农民土地权益的研究看，以理论研究为主的方法来阐述农民权益受损问题，也形成了高水平的研究观点。除了大量理论研究外，部分学者开始转向案例研究，但大都是对案例的分析与评价，也有少量的学者从微观主体农民的角度对农民经济权益受损进行实证研究，研究内容不够全面。因此迄今为止没有对农村宅基地退出中农民土地权益保护形成深入的、系统的研究体系。因此，本书旨在借鉴已有研究成果和相关理论的基础上，在对研究对象的内涵全面界定的基础上，尝试构建一套农村宅基地退出中权益评价指标体系，将定性分析、定量分析、案例分析进行有机结合，对宅基地退出中农民土地权益保护问题进行系统研究，在此基础上有针对性地提出对策。这对农村宅基地退出中农民权益保护问题的研究具有积极作用。

第四节　研究思路、内容与方法

一、研究思路

本书通过"理论研究—实证分析—对策建议"这一分析框架，运用理论分析、规范分析、案例分析以及博弈分析等研究方法，对我国农村宅基地退出中农民土地权益问题进行了较为详细的研究。根据这一框架，本书首先对农村宅基地退出和农民土地权益的概念进行解析，考察了我国农村宅基地退出对农民土地权益的影响，实证分析农村宅基地退出对农民权益的影响，并系统研究问题产生的根源，探寻有效的解决之道。

二、技术路线图

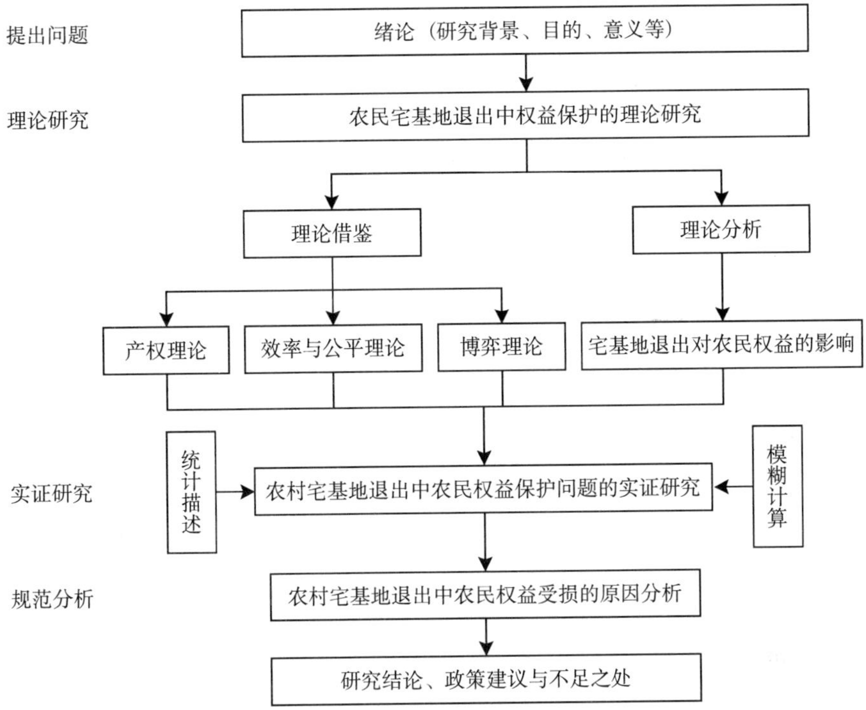

图 1–3 技术路线图

三、研究内容

第一部分（第一章和第二章）：本部分对农村宅基地退出中农民土地权益的概念进行层层界定，明确了农村宅基地退出、农民土地权益两个核心概念，在明确概念的过程中，缩小研究范围，最终确定了政府主导下的农村宅基地退出中农民权益问题作为本书研究的对象。在研究内容确定的基础上，通过对以往文献的搜索、阅读和总结，找出既有研究的不足之处，确定本书的研究重点。然后，选择与本研究相关的理论基础：土地产权理论、效率与公平理论和博弈理论。

第二部分（第三章）：从理论上分析了农村宅基地退出对农民权益的影响。首先阐述宅基地退出的背景，然后对我国实践中出现的典型代表模式进行了分析，在此基础上抽象概括出当前农村宅基地退出的总体特征以及退出中出现的主要问题。根据前文对农村土地权益内涵的界定，结合宅基地退出的主要模式，分析宅基地退出对农民经济权益、政治权益、社会权益的影响。

第三部分（第四章）：对农村宅基地退出中农民权益问题进行实证研究。首先，选择模糊数学方法测度农民权益，借鉴 Amartya Sen 的可行性理论，分别从经济状况、居住状况、保障状况、社区状况和心理状况五个方面构建反映农民权益测度评价一级指标体系，在此基础上构建了 16 个二级指标体系。其次，利用对重庆市九龙坡区“退地上楼”323 户农民的调查数据，通过统计描述宅基地退出中农民权益问题，并利用模糊数学的评价法对宅基地退出农户权益变化进行实证测度。实证结果表明，农民在宅基地退出前后其经济权益、社会权益、政治权益出现不同程度的受损。

第四部分（第五章）：对宅基地退出中农民权益受损原因进行分析。结合农民宅基地权益受损的事实，从我国宅基地产权制度特点、不同主体的利益博弈等视角阐述了农民土地权益受损的原因。从农村宅基地产权制度看，宅基地所有权主体不明确、农村居民享有的宅基地产权权能不完善、土地发展权缺失等方面造成农民土地权益的受损。从不同主体的利益博弈分析发现，不同主体利益取向不同，地方政府通过行政的强制性干预导致农民权益得不到保障，被动“退出上楼”。

第五部分（第六章）：首先梳理和总结前文的理论及实证分析结论，根据研究结论提出了完善宅基地产权制度、转变政府职能和规范政府行为、提升农民主体地位等相应的政策建议。

四、研究方法

（1）文献研究法。通过对国内外关于土地流转中农民权益保护等相关问题的研究文献进行概括、评述，以明确本书的研究方向及研究的主要问题。

（2）调查研究法。本研究选定重庆市城乡建设用地增减挂钩试点区九龙坡作为实证研究区域，通过重庆市九龙坡区政府了解宏观数据，后走访农户家庭，采取与村民面对面的访谈了解当地实情，收集数据和资料，通过设计调查问卷、入户随机抽样调查的方法，获取农户在宅基地退出前后宅基地补偿状况、农民参与状况、退出后生活状况、社会保障、就业状况等评价指标数据和其他所需数据。

（3）定性分析与定量分析结合法。任何一个问题都存在质和量两个方面。定性分析方法是指对分析事物的性质进行宏观的描述，本书分析宅基地退出对农民权益的影响、宅基地退出中农民权益受损的原因采取定性分析方法。定量分析方法是指对引起事物性质变化的数量关系进行分析，以此全面把握事物发展中的质量互变规律。本书在分析农村宅基地退出中农民权益受损时采用了定量分析法。

（4）案例分析法。通过收集天津、浙江、重庆三个地区在城乡建设用地增减挂钩进程中农村宅基地退出的典型案例，展开案例分析，总结农村宅基地退出的基本特征和当前农民宅基地权益受损的具体表现。

（5）博弈分析法。博弈论是研究决策主体的行为发生直接相互作用时的决策以及这种决策的均衡问题。现阶段的农村宅基地退出，实质是农民与地方政府的交易，作为不同的利益主体，具有不同的利益目标，在农村宅基地退出利益博弈中处于不同的地位。对此，本书用博弈论方法对农民与政府的行为进行分析。

第五节　本书可能的创新之处

本书选择农村宅基地退出中农民权益保护问题为研究内容，从现有研究成果看，对农村宅基地退出的研究也不多见，更很少有学者对农村宅基地退出农民权益问题进行系统的研究。因此，这是一个新颖的课题，本书可能的创新点在于：

一、研究内容的完善

尝试对于所研究的内容“农村宅基地退出和农民土地权益”内涵进行清晰界定。本书研究内容涉及两个主要概念，需要对概念有清晰的界定。本书从宅基地退出主体、客体、形式、目的上对宅基地退出概念进行了明确界定，确定本书的研究范围；在解读我国宅基地制度所蕴含的权益和城乡建设用地增减挂钩政策所承载的农民权益、分析农村宅基地功能所包含的权益的基础上，对农村宅基地退出中农民土地权益内容从三方面进行了界定，改变过去单一的研究对象（如仅考虑农民权益的一个方面），在研究内容上具有一定的创新性。

二、研究思路的创新

建立一个研究农民宅基地退出中农民权益保护问题的理论框架，本书通过构建“问题提出—构建理论基础—实证分析—探究问题的根源—提出政策建议”的框架结构，系统地对农村宅基地退出中农民权益保护问题进行研究。

三、研究方法的创新

已有文献对“农民土地权益问题”的研究主要采用归纳演绎等文字叙述的方法。本书以森（Sen）的可行性理论为依据，尝试构建一套测度农民土地权益的指标体系，构建了农民权益测度的模糊数学法评价模型，以定量化的方法对农村宅基地退出中农民土地权益受损问题进行了评价分析。因此在研究方法上具有一定的创新。

第二章　理论基础

农村宅基地退出实践中，普遍存在补偿标准不合理且补偿价格地区差异明显、农民收益无法得到合理的补偿等问题，对农民合法权益造成了极大损害。很多农民退出后变成了“有地无法种、就业无岗位、社保无份”的“三无”农民，导致农民生活水平和生活质量急剧下降，给社会稳定带来了极大的隐患。因此，保护农民土地权益被紧急提上日程。本章以产权理论、制度变迁理论、效率与公平理论、博弈理论作为农民权益保护的理论依据，用以强调农民土地权益保护的必要性和重要性。

第一节　产权理论

现代产权理论是20世纪30年代以来，以科斯为代表的西方经济学家对正统微观经济学和标准福利经济学的根本缺陷进行思考及批判的过程中形成的。现代产权理论，从产权结构（或产权制度）的角度研究资源配置效率，通过研究产权界定、产权变更安排、变革和维护产权制度，降低交易费用，提高资源配置效率。由于对经济问题的分析和研究加入了交易成本及外部性的假设，研究更符合经济行为的现实，研究结论也更具有说服和解释效力。

一、产权的定义

产权的概念最早由科斯于1937年在《企业的性质》一文中提出，但他并没有给出明确的界定。多年来，学者们因研究对象、研究目的、研究方法的不同而从不同的角度对产权进行了解释和概括。

《牛津法律大辞典》将产权界定为，产权是指存在于任何客体之中或之上的完全权利，是一个由占有权、使用权、出借权、转让、用尽权、消费权和其他与财产有关的权利组成的集合。

巴泽尔（Barzel Y）、阿尔钦等认为，产权是一个社会事实的选择，一种经济品的使用的权利，包括使用权、收益权和转让权。

诺斯指出："产权本质上是一种排他性权利。"

美国经济学家德姆塞茨（Demsetz，1967）从外部性问题出发对产权进行了解释，他认为，产权是一种社会工具，其重要性在于事实上能帮助人们形成交易时的合理预期，界定了产权如何使人收益与受损，以及调整人们的行为，谁必须对谁提供补偿。

菲吕博腾、佩杰威齐认为，产权是一种社会工具，因为物的存在，人们之间相互使用物所引起彼此认可的行为关系。产权的安排确定每个人相对于物的行为规范并促使他们遵守与其他人的相互关系。

产权具有以下几种内涵：

（1）产权是指一种对财产的各种权利的总称，为一种权利束，权利束中的各项权能可以分解，并可由不同主体分别拥有。

（2）产权是一种排他性的权利。排他性是现代产权制度的基础，排他的产权是由个人独自行使或享有的产权，实质上是产权主体的对外排斥性或对特定权利的垄断性，它是权利主体存在和独立利益得到实现的基本条件，也是建立产权市场的基本条件，更是实现产权外部性内部化功能的前提条件。

（3）产权是一种规范人与人之间关系的社会规则，使人的权与责相对应，使权力受到责任的约束。

(4) 产权的可分割性。即在同一财产之上，可以成立分属于不同主体的多项产权的性质，同一财产之上的各项产权在各自的界区内并行不悖。“产权的可分割性使产权更容易流动和交换，从而大大地提高了产权的资源配置功能。”

(5) 产权的可转让性。产权可以进入市场，在不同的主体之间交易处分（卢现祥，2003）。

二、产权制度的功能

产权关系是人与人之间的经济权利关系，产权制度是“人与人之间关系的制度或规范化”。一般而言，产权的基本功能为：

一是外部性内在化功能。美国经济学家德姆塞茨（Demsetz，1967）、科斯都认为通过产权谈判和产权界定可引导人们将外部问题内在化。

二是激励与约束功能。产权关系包括利益关系和责任关系。利益关系体现产权的激励功能，有保障的土地产权使经济活动主体有了界限确定的产权，明确界定的行动范围使其有了收益保证或稳定的收益预期，从而产生利益刺激或激励。责任关系体现产权的约束功能，产权有界性意味着任何产权都是有限的，即产权主体存在有限的权能空间和利益边界，使他明确应该做什么，不应该做什么，使他知道侵权或越权的后果或所要付出的代价。

三是资源配置功能。资源配置的过程就是产权流动的过程，产权总是流向对其价值评价相对高的人手中。合适的产权安排，是资源得以有效使用和优化配置的先决条件。

四是收益分配功能。土地产权在不同主体的划分，本身就是收入分配的基本依据，同时，土地产权的界定明晰有助于收入分配规范化。资源的产权界定及其产权结构，直接影响着资源的利用效益。当然，产权的界定是需要成本的，只有当产权界定后的收益大于产权界定的成本时，在现实中才能够界定产权。随着资源价值的提升，新的产权将会被界定出来。政府界定产权具有比较优势，但也存在着侵犯产权的可能性。

三、农村土地产权内涵

产权制度是农村土地制度最核心的部分，如果产权制度安排科学合理，利益主体的权利关系才会更加清晰，农村土地制度才能更加有效地得到维护。农村土地产权是以农村土地上作为财产客体的各种权利的总和，是一束权利，包括土地所有权以及由土地所有权派生出来的土地占有权、土地使用权、土地收益权、土地处置权等权能组成。在市场经济形式下，进入市场交易的土地产权，可以是分解的若干独立的权利或其组合，独立分解的“权利束”的项目则随产权市场化的发展而变化。

土地产权权能的众多且不断分化，要求国家从法律制度上对不同土地产权权能的范围和归属有明确的界限。权能无法有效地行使会导致产权纠纷和土地资源的低效配置。那么对土地产权划分、确定、界定、保护和行使必须要建立一系列规则，使土地产权关系制度化、法律化，这就形成了土地产权制度。在土地产权制度中，所有权是核心，居支配地位，而土地使用权、土地收益权、土地处置权则是土地所有权的派生权。就目前我国农村土地产权制度而言，产权束在国家、集体和农户间分割，国家享有管理权，集体享有所有权，农户享有承包经营权与宅基地使用权的产权结构。中国目前宅基地产权制度为“所有权与使用权分离”的制度。所有权属于农村集体经济组织，使用权属于农民个人。

四、产权理论对本书的启示

农村宅基地产权是基于农村宅基地的存在，围绕着宅基地的使用来界定人民在与宅基地有关的经济活动中如何受益或受损，以及如何进行交易和补偿的一组行为规则（王旭东，2011）。城乡建设用地增减挂钩政策的核心是农村宅基地退出，而农村宅基地退出的实质是土地发展权的转移，也是各种土地权利在不同经济活动主体之间重新配置的过程。农民作为宅基地使用权主体，在宅基地退出过程中应享有处置和收益的权益以及土地发展权转移带来的巨大增值收益。在我国农村宅基地产权制度设计更多是基于宅基地的保障功能而存在。农民退出自己的宅基地意味着生活地点的重新选择，有可能伴随着生产生活方式的改变。因而，国家对农村宅基地的流转与退出进行了严格的法律限制。农民无法通过市场化交易实现其合理的经济收益。地方政府可能成为了农村宅基地退出的主导方。政府主导下的农村宅基地退出不仅是农民居住空间以及土地用途的转变，而且还涉及导致土地产权关系的分解，形成地方政府、村集体、农民等多元利益主体之间错综复杂的利益关系。这就要求政府在合理引导农民退出宅基地的过程中，协调各方的利益，给予农民适当的土地权益补偿，体现权益交易的公平性。因此宅基地产权是农村宅基地退出的基础。随着社会经济的发展，宅基地的功能发生了明显演变，宅基地的财产价值日益凸显。而当前的宅基地产权结构并没有突出宅基地的财产价值，宅基地权能的不完善也导致政府会为了自己的利益而侵犯农民的产权。因此，应厘定政府在宅基地退出中特别是在产权创设与保护中的职能边界，并通过宅基地发展权的创设和转移，实现宅基地的市场化退出。

第二节　制度变迁理论

西方经济学主流理论在很长一段时间内，将经济增长源泉归结为技术、人力资本、规模经济等，而忽视了制度的重要性。直到以科斯、诺斯为代表的新制度经济学家指出制度是内生的，其应该被视为经济增长的源泉之一，而且对制度及制度变迁进行系统分析，才形成较为完善的制度变迁理论体系。

一、制度变迁的动因

关于制度变迁的动因不同学者有不同的观点。从本质上讲，制度变迁是一种更有效率的制度的产生过程，也就是传统的无效或低效的制度被淘汰、被替代的过程。

诺斯（1994）认为，制度变迁总是源于制度需求，而制度变迁的需求是由要素与产品相对价格的变化以及与经济增长相关联的技术变迁所引致的。

Schultz（1968）则从客观推动力的视角提出了制度变迁的动因，他认为制度变迁的动力主要来自于相对价格变化、经济增长与技术进步三大要素。

马克思认为，社会制度变迁的根本动力是生产力的发展。在阶级社会里，阶级斗争是推动社会制度变迁的直接动力，生产力发展是社会制度变迁的根本动力。在具体的制度变迁过程中，直接推动力来自于人们追求利益的主观努力，即人们奋斗所争取的一切，都同他们的利益有关（马克思，1975）。

二、制度变迁的主体和方式

诺斯（1994）认为，制度是一系列被制定出来的规则、守法程序和行为的道德规范，它旨在约束主体福利或效用最大化利益的个人行为。

林毅夫（1994）认为，变迁则是指制度创立、变更及随着时间变化而被打破的方式。

制度变迁的方式有很多种，比较典型的分法是根据变迁主体的不同，可以分为强制性变迁和诱致性变迁。强制性变迁是由政府命令和法律引入而实行的“自上而下”的制度变迁，诱致性制度变迁是由一个人或一群人在响应获利机会对自发创导、组织和实行的“自下而上”的制度变迁。

从土地制度的历史进程看每一次制度的重大变革均是由政府通过命令、

指示、决定、法规等强制性手段主导的，可以说，中国土地产权制度变迁既有强制性变迁，也有诱致性变迁，但以强制性变迁为主。农民在很大程度上受制于政府，政府也一直主导着土地产权制度的变迁。为了促进经济社会发展，有必要进行农村土地制度变迁，不管是哪一种变迁方式，都应该重视农民的主体作用，保护农民的土地权益。

三、产权与制度变迁

新制度经济学则从产权的角度展开对制度变迁的研究，认为制度变迁表现为产权的修正，产权的建立与完善代表着制度变迁的方向。因此，应该从利益的角度理解产权与制度变迁，经济主体由于追求旧有制度框架内无法获得的潜在利益，意识到只有建立新的制度才能够获得这些利益，所以要求进行制度变迁。制度变迁可理解为社会利益关系的演进，制度变迁后会形成一种新的利益安排。而产权则是社会利益分配关系，界定了社会经济活动中人们如何受益，形成了一定的人与人交易过程中的收益预期。制度的内容包含了一定的产权关系，制度变迁也是为了满足人们的产权要求而形成的结果，产权制度的变化也是制度变迁的重要组成部分。只有明晰的土地产权制度，才能保障农民土地权益。

第三节　效率与公平理论

一、效率理论

在经济学上，效率通常有两层含义：生产效率与经济效率。生产效率是指单位时间里投入产出之比，用最短的时间、最少的资源成本，生产出最多的产品，就是生产的高效率。经济效率（Economic Efficiency）是从资源配置的角度进行分析的，因而常被称为配置效率（Allocative Efficiency），即用最少的资源耗费，生产出最适用的商品和劳务，获取最佳的效益，使得社会成员的各种需要都能得到满足。资源的最大效率配置通常被经济学家称为“帕累托最优”或“帕累托改进”，在经济学中一般把帕累托原则（Pareto Princi Ple）作为经济效率的标准。

“帕累托最优”是20世纪初意大利经济学家维弗雷多·帕累托提出的一种资源分配状态，这种状态强调即在不使任何人境况变坏的情况下，而不可能再使某些人的处境变好。帕累托最优是指不能进行帕累托改进的状态，“帕累托改进”是达到帕累托最优的路径和方法。帕累托最优是公平与效率的“理想王国”。在某种意义上说，此时社会效益也达到了理论上的最大化。然而帕累托原则无法回答资源重新配置中使得一部分人的收入大幅增加，而使另一部分人的福利略有减少的情况。一般而言，要达到帕累托最优，需要同时满足三个条件：

（1）消费领域的帕累托最优——交换最优性：对于任意两个消费者而言，任意两种商品的边际替代率相同，且两个消费者的效用同时得到最大化，此时商品在消费者之间达到最优分配：

$$\left(\frac{U_X}{U_Y}\right)^A=\left(\frac{U_X}{U_Y}\right)^B=\left(\frac{P_X}{P_Y}\right)\text{或 } MRS_{XY}^A=MRS_{XY}^B \qquad (2-1)$$

（2）生产领域的帕累托最优——生产最优性：对任意两个生产不同产品的生产者来说，需要投入的两种生产要素的边际技术替代率是相同的，且两个消费者的产量同时得到最大化，此时生产要素在生产者之间达到最优分配。

$$\left(\frac{MP_L}{MP_K}\right)^X=\left(\frac{MP_L}{MP_K}\right)^Y=\frac{P_L}{P_K}\text{或 } MRT_{LK}^C=MRT_{LK}^D \qquad (2-2)$$

（3）产品组合的帕累托最优——高级最优性：（1）（2）两条件同时达到，即经济体产出产品的组合必须反映消费者的偏好。此时，任意两种商品之间的边际替代率必须与任何生产者在这两种商品之间的边际产品转换率相同。

$$\frac{U_X}{U_Y}=\frac{MP_K^Y}{MP_K^X}=\frac{MP_L^Y}{MP_L^X}\text{或 } MRS_{XY}=MRT_{XY} \quad (2-3)$$

式中，A 和 B 为任意两个消费者，X 和 Y 为任意两种商品，K 和 L 为任意两种生产要素，C 和 D 为任意两个生产者，MRSMRS 是任意两种商品在任意两个消费者之间的边际替代率（在效用不变的前提下），MRT 是任意两种商品之间的边际替换率（在生产要素禀赋一定的前提下）。

式（2-1）表明对任意两个消费者 A 和 B 而言，若任意两种商品 X 和 Y 的边际替代率相同，则 A 和 B 的效用同时最大化，即此时商品在 A 和 B 之间达到最优分配。

式（2-2）表明对任意两个生产者 C 和 D 而言，若投入的两种生产要素 L 和 K 的边际技术替代率相同，则 C 和 D 的产量同时最大化，此时生产要素在生产者 C 和 D 之间达到最优分配。

式（2-3）表明若产品的组合必须反映消费者的偏好，则必须同时达到式（2-1）和式（2-2）的条件，此时任意两种商品 X 和 Y 的边际替代率与其边际产品转换率相同。此时社会福利达到最大化。

微观经济学认为，帕累托最优的三个条件在完全竞争市场达到长期均衡时都自动满足，这便是福利经济学第一基本定律，即竞争性的均衡是帕累托有效的。福利经济学的第二定律强调每一种帕累托最优的资源配置方式都可以通过在消费者之间适当分配禀赋后的完全竞争的一般均衡达到，即任何帕累托有效配置都能得到市场机制的支持。福利经济学第二定律的意义在于它指出了分配与效率问题可分开考虑。

由于农村土地资源的有限性和稀缺性，经济的快速发展需要大量的土地资源作支撑，由此引发了农地资源配置效率问题。特别是随着城市化进程的加快，建设用地快速扩张过程中对耕地保护所产生的巨大压力，由此特别需要我们关注作为存量建设用地的农村集体建设用地，应加快其流转，充分挖掘土地资源的经济供给能力，从而提高土地资源的配置效率。农村宅基地退出作为缓解我国城镇化发展建设用地供给紧张的有效途径，实现了土地资源的优化配置，提供了社会经济发展的土地资源，促进了社会经济的增长。

二、公平理论

经济学中的公平指的是对收入、财富等资源的分配平等问题。公平包括机会公平和结果公平。机会公平注重竞争规则的无差别性，强调规则面前人人平等。最后获得的收益是按照个人能力和贡献的大小进行分配。机会公平是市场经济的首要法则。各市场经济活动的参加主体通过市场激励在市场配置资源的基础性作用下无差别地享有平等的机会以获得最佳收益，从而促使整个社会的财富不断增长，提高了资源配置的效率。结果公平是指每个人由于出生等原因，加上各人的天赋和生长背景存在差异，人与人之间存在差别，即使是平等竞争，仍然会导致结果的差别：强者更强，弱者更弱。因此对不同的人实行不同的规则，通过社会再分配的方式，对弱者给予特别补偿，以最大限度地增加处于最不利状况的人的期望，实现结果公平。农村宅基地退出所涉及的公平问题就是宅基地资源重新配置后所涉及的经济福利的增加额在不同利益主体之间的分配问题，是土地利用变化中产生的利益的公平和平等分配问题。

对收入的重新分配不仅是必要的也是合理的。更重要的是通过结果公平，使更多的人提高主体选择能力，甚至提升人的先天禀赋的能力，充分发挥每个人的能动性，从而推进整个社会福利的提高。

Anderson（2008）认为，社会价值取向对人们的公平判定有显著的影响，基于价值判断的不同原因，资源分配的公平大体可以分为：以追求社会总效用最大的功利主义；关注社会最底层群体福利的罗尔斯主义；追求分配结果平等的平均主义；追求代内公平、代际公平的可持续发展公平原则等。

三、效率与公平的关系

对于公平与效率的关系问题，理论界有不同的观点。主要观点有：

（1）效率优先论。持效率优先观点的国外学者有罗宾斯（L.Robbins）、哈耶克（F.A.Hayek）、弗里德曼（M.Friedman）等。哈耶克认为，用特殊干预行动来纠正自发过程所形成的分配状况，就一个原则同等地适用于每一个人来说，从来就不可能是公正的。效率优先论者认为，公平只能通过自由竞争的市场机制来实现，反对国家通过行政干预将一部分人多于“公平份额”的收入和财产拿给少于“公平份额”的那些人。国内学者厉以宁、黄泰岩等认为，在我国的基本国情下，“效率无疑是应当被置于优先的位置上”，即使我国当前确实出现了收入差距扩大、贫富分化的现象，但在相当长的一段时期内绝不能动摇“效率优先，兼顾公平”原则。改革中出现的公平与效率间的矛盾只能在效率优先的前提下通过发展解决。

（2）公平优先论。持公平优先观点的国外学者有勒纳（A. P. Lemer）、罗尔斯（J.Rawles）、米里斯（J.AMirrlees）等。罗尔斯对效率问题的解决是从公平出发的，他认为首先要解决公平问题。罗尔斯（2001）指出，所有的社会基本善自由和机会、收入和财富及自尊的基础都应被平等地分配，除非对一些或所有社会基本善的一种不平等分配有利于最不利者。国内以洪银兴、万俊人（2005）等为代表的学者认为，效率来自“不公平”主张公平要优先于“效率”。他们认为公平是目标，效率是手段，首先是立足公平，然后才是保障效率。因此，强调推进以社会公平为目标的改革能达到提高效率的结果，主张通过政府干预实现公平分配。

（3）公平效率兼顾论。持公平和效率兼顾观点的国外学者有萨缪尔森（P.A.Samuelson）、凯恩斯（J.M.Ke0es）、布坎南（J.M.Buehanan）和阿瑟·奥肯（A.M.Okun）。萨缪尔森（1989）认为，即便是最有效率的市场制度也会产生很大的不平等，当市场制度不能保证最低生活标准时，公民们通过他们的政府，用政府的支出来补充某些人的实际或货币收入，即否认通过自由竞争市场能够实现公平，认为政府应该干预市场，通过税收、转移支付、低价房等形式向低收入者提供消费补贴。国内学者以刘国光为代表的学者认为，在处理两者的关系时要与时俱进。他们认为，公平与效率并不是原先人们设想的交易的关系，而是辩证的矛盾统一的关系，收入分配差距过大和过小都不利于提高效率。吴宣恭（2007）揭示了效率与公平的相互促进、同向发展的内在关系，即“实现公平，促进效率；提高效率，推动公平”。

四、效率与公平理论对本书的启示

长期以来，由于宅基地作为一种福利性的社会保障存在，我国法律制度严格限制其流转。随着宅基地所依存的社会经济环境的改变，农村宅基地的限制流转的规定已经不适应当前经济社会发展的需要。尤其是当前我国进入城乡统筹发展阶段，统筹城乡发展是要把农村和城市对接，把城乡经济社会作为一个整体来统一规划，使资源、资金、技术、劳动力在城乡之间、在产业之间有序流动和优化配置，实现资源共享、市场共用、优势互补、平衡发展，配套协调、促进城乡共同发展（田光明，2011）。而土地作为其他要素自由流动的基础，统筹城乡发展的关键问题是统筹城乡土地利用。城乡建设用地增减挂钩的出台为统筹城乡土地利用提供了政策空间，在政策支持下，农村宅基地退出势在必行。宅基地退出一方面有助于实现土地资源在城乡之间进行配置，改变农村宅基地资源低效利用的现状；另一方面也有利于实现农民的土地财产权利。因此宅基地退出的过程就涉及效率和公平的问题。

从效率角度而言，政府主导下的宅基地退出是以农村宅基地资源的集约节约利用为前提，实现农村宅基地资源在城乡间的优化配置，促进了城镇的发展，实现社会利益的增加，这不可避免地涉及社会利益的分配问题。

从公平角度而言，农民作为宅基地退出的主体，失去了赖以生存的土地，理应保证对退出宅基地农民失去的资源进行合理的补偿，分享宅基地退出所来的土地收益。

农村宅基地退出主要以政府为主导，其中涉及农民、农村集体、地方政府等多个主体，不同的参与主体具有不同的价值取向。相对而言，农民往往缺少公平的机会参与到宅基地退出决策中，往往会忽略他们的“声音”。如果仅考虑效率问题而忽略公平，这必然会加大资源配置的各种阻力，甚至危及社会的稳定。当然，如果没有资源的重新配置，整个经济社会发展会受到影响，政府缺乏足够的物质基础，也就谈不上收益分配的公平问题。因此，本书认为效率公平兼顾论符合我国统筹城乡发展进程中宅基地资源在城乡配置中的效率与公平的关系。效率是公平的基础和前提，效率的提高必须依赖公平的实现。

第四节　博弈理论

博弈论的研究领域非常广泛，它不仅用来分析经济学现象，而且正日益渗透到政治学、社会学等领域，成为社会科学研究范式中的一种重要工具。19 世纪，博弈理论的雏形大致形成，1944 年，冯·诺伊曼和奥斯卡·摩根斯坦合作出版了《博弈论与经济行为》，奠定了博弈论的理论和方法论基础，被公认为博弈论的产生标志。1950 年，Tueker 提出了“囚徒困境”。1953 年，纳什在分析经济行为的过程中提出了非合作博弈中的纳什均衡理论。在随后的时间里，博弈论获得了迅速发展，出现了一批研究博弈论的学者，使其应用范围不断扩展，由完全信息到不完全信息，由静态博弈到动态博弈，博弈论逐渐成为主流经济学的一部分。

博弈论（Game Theory）在我国又称为对策论，研究的是在利益相互影响的情况下，各决策主体所做的决策选择，以及这个决策对于其他决策主体做出决策影响的一种理论，其核心是均衡，是各个决策主体的收益均达到最大时的决策状态。在运用博弈理论分析决策主体可能做出的策略选择时，决策主体的策略或行为的选择不仅依赖于自己，而且依赖于他人的选择，他们之间的策略是相互依存的。每个局中人都企图预测其他参与者的可能抉择，以确定自己的最佳策略。所以各决策主体的策略选择是相互影响的，而且也可能是反复的，使得最终会达到各个决策主体利益最大的结果。但这种结果怎样以及效果怎样，取决于很多条件，如博弈的规则、各策略主体是否掌握对方的真实信息多少、各策略主体对其他局中人行为的判断能力等。

一般而言，一个博弈由参与人（Player）、策略（Strategy）、信息（Information）、得益（Profit）、结果（Outcome）和均衡（Equilibrium）六种要素组成，其中参与人、策略、均衡是博弈的三个主要概念。所谓参与人（Player），指博弈中的利益主体（既可以是个人，也可以是团体）；策略（Strategy）是指参与人选择行动的规则，即在博弈进程中，什么情况下选择什么行动的预先安排；得益（Profit）是各个参与人的最后得益（或效用），也就是各方博弈主体追求的最后目标；结果（Outcome）是博弈分析者感兴趣的一些要素的集合；均衡（Equilibrium）是所有参与人的最优策略或行动的组合。这里所指"均衡"是特指博弈中的均衡，一般称之为"纳什均衡"。即在非合作的静态博弈中，若对每一个参与人存在一种策略组合，相比其他博弈方的策略，每个参与人都是最优策略，此时各方采取的策略组合状态称为"纳什均衡"。也就是说，纳什均衡是一种僵局，其他参与人的策略一定，没有任何人有积极性偏离这种均衡的局面（张维迎，1996）。

按照参与人的数量可将博弈行为分为两人或多人博弈；按照博弈规则中参与人是否合作，可将博弈分为合作博弈、非合作博弈；按照博弈中参与人的得益情况，可分为零和博弈、常和博弈、变和博弈。其中，合作博弈理论和非合作博弈理论是博弈理论中最大的分类。二者的区别主要在于，当参与者的行为相互作用时，参与者之间是否存在或形成一个具有约束力的协议，如果有，就是合作博弈；反之，就是非合作博弈。在非合作博弈中，现在最流行也最有用的分类方法是从博弈参与人的行动次序和在博弈中所获信息的差异两个角度分类：第一个角度按照行动的先后次序来分，博弈可以分为静态博弈和动态博弈，静态博弈不考虑决策的时序问题，参与人选择策略时不知道对方的具体行动，动态博弈是有先后顺序，后进行策略选择的能够知道前者的选择；第二个角度从参与人和其他参与人的各种特征信息的获得差异分为完全信息博弈和不完全信息博弈。若局中人不完全了解其他局中人的信息时是不完全信息博弈，相反，当局中人对其他局中人的信息了如指掌时，就是完全信息博弈。

依据博弈中信息的充分程度和分布情况对结果的影响，我们就得到了四种不同类型的博弈行为：完全信息静态博弈——纳什均衡、完全信息动态博弈——子博弈精练纳什均衡、不完全信息静态博弈——贝叶斯纳什均衡、不完全信息动态博弈——精练贝叶斯纳什均衡。

政府推动农村宅基地退出的过程是各方参与利益主体间的利益博弈过程。基于利益博弈论的农村宅基地退出要求在尽力满足各参与主体经济利益的条件下，实现最优或最大的社会效益、经济效益的纳什均衡。当然，参与工作的各方利益主体在利益表达和诉求能力方面有强弱之别，即利益博弈双方地位不平等的现实情况，如果是弱者长期被动地接受利益分配不均的博弈均衡，最终或许就会丧失博弈的兴趣和信心、丧失继续博弈的能力，或者为争取其自身利益而采取某些极端行为；如农民在参与农村宅基地退出的利益博弈中一贯处于弱势地位，在退出决策上，其地位往往被边缘化，在实施城乡增减挂钩机制中的利益分配中其得不到应有的分量。因此，运用博弈论研究不同利益主体之间的博弈行为，有助于深刻剖析农村宅基地退出中农民权益受损的原因。

第三章　农村宅基地退出对农民土地权益的影响

在展开具体的分析之前，有必要首先对我国农村宅基地退出的实践现状加以论述和总结评价，以便为后面各部分的深入研究奠定基础。

第一节　农村宅基地退出的必然性与可行性分析

一、农村宅基地退出的必然性分析

（一）城镇化是未来人口主要集聚地

随着社会经济的发展，将会有越来越多的人居住在城镇。截至 2014 年，全球有 54%的人口居住在城市，而到 2050 年这一比例将达到 66%。中国制定了明确的城镇化发展目标，即 2020 年和 2050 年常住人口城镇化率分别为 60%和 80%。《国家新型城镇化发展规划（2014~2020)》指出，“到 2020 年常住人口城镇化率达到 60%左右，户籍人口城镇化率达到 45%左右”。此外，《中国现代化报告 2013——城市现代化研究》指出，到 2050 年我国城市人口可能达到 11 亿人左右，城市人口比例约 80%。在城镇化的大趋势下，未来将会有大规模的人口从农村迁移到城镇，这样一来，农村人口和土地的比例关系就会发生显著变化。随着农村人口的减少和部分居民在城镇稳定就业、购买住房，农村宅基地将会出现大量闲置，农村宅基地呈现出低效利用的状态，让农村宅基地退出成为了可能。另外，随着大量农民离农，宅基地的功能逐渐由单一保障功能向多元化功能发展，宅基地的财产功能逐渐增强。因此，无论是从人地关系还是从宅基地功能的演变看，农村宅基地退出成为一种必然趋势。

（二）建设新型农村社区是我国农村社会发展的必然趋势

伴随新型城镇化的深入推进，新型农村社区的探索和实践陆续开展。2015 年 11 月，中共中央、国务院办公厅印发了《深化农村改革综合性实施方案》（以下简称《方案》），出台了农村改革的顶层设计。《方案》对农村的全方位改革做出了关键部署，为新型农村社区建设提供政策指引。建设新型农村社区，必然要求农民社区化性质的集中居住，作为这种变革的关键一环，农村宅基地退出实践便应运而生。

（三）城市建设用地供给日益紧张将长期存在

目前，我国工业化和城镇化均处在快速发展阶段，对新增建设用地的需求均比较大。根据《全国土地利用总体规划纲要（2006~2020 年）》，全国建设用地总规模由 2010 年的 3374×10^4 公顷增加到 2020 年的 3724×10^4 公顷。然而，新增建设用地的供给却十分困难，主要因为耕地后备资源严重不足、生态系统不稳定等因素，甚至部分地区的耕地补充已经危害到了生态环境系统的安全与稳定。为实现保护耕地的基本国策，国家逐渐重视对农村集体建设用地的集约利用。中国社会科学院发布的数据显示，经综合测算与评估表明，若按照分批推进城镇化情景，通过构建完善的农村人口转移机制、宅基地退出与盘活机制，全国空心村综合整治潜力可达 757.89 万公顷，约合 1.14 亿亩。宅基地的退出减少了农村居民点的占地面积，退出的建设用地被复垦为耕地后，因此而获得的建设用地指标又弥补了城镇建设用地指标的短缺。

二、农村宅基地退出的可行性分析

（一）农村宅基地退出的制度背景

从 1949 年到现在，我国农村宅基地管理制度的内容发生了一些变化。以我国农村宅基地是否可以自由买卖为标准，我国农村宅基地管理制度经历了两次大的变革：一是在 20 世纪 40 年代末 50 年代初，宅基地属于农民私有，宅基地可以自由流转；二是 20 世纪 60 年代一直延续至今，我国农村宅基地管理制度处于法律禁止宅基地流转的阶段。尽管我国的《土地管理法》《物权法》《担保法》都限制了宅基地的流转，但其中相关法律法规的内容也为农村宅基地的流转与退出提供了一定的法律依据和政策空间。

我国《宪法》规定：宅基地和自留地、自留山属于集体所有，任何组织或者个人不得侵占、买卖或者以其他方式转让土地，土地的使用权可以依照法律的规定转让。从上述规定可以看出，《宪法》对宅基地使用权只做了指导性的规定，即所有宅基地使用权的行使都要"有法可依"。

我国《土地管理法》第六十二条规定："农村村民一户只能拥有一处宅基地，其宅基地的面积不得超过省、自治区、直辖市规定的标准"，"农村村民出卖、出租住房后，再申请宅基地的，不予批准。"农村村民转让房屋所有权是允许的。而按照"地随房走"的基本原理，农民在转让房屋所有权的同时必然发生宅基地转让，这就意味着农民宅基地可以通过出售房屋所有权的方式实现退出。

1995 年，国土资源管理局颁发的《确定土地所有权和使用权的若干规定》中第一次提出了宅基地退出问题，并对两种情况的宅基地使用权退出进行了规定：一是宅基地面积超过当地政府规定标准的，在条件成熟时其超过部分应退还集体；二是空闲或房屋坍塌、拆除两年以上未恢复使用的宅基地，由集体报经县级人民政府批准，注销其土地登记，土地由集体收回。而 2004 年国土资源部颁布的《关于加强农村宅基地管理的意见》中则进一步规定了第三种宅基地退出情形，即在严格落实农村村民“一户一宅”的情况下通过继承而出现“一户多宅”和闲置住宅的，各地要制定激励措施，鼓励农民腾退多余宅基地。

2007 年 3 月 16 日，十届全国人大五次会议通过了《物权法》，将宅基地使用权专设一章进行了规定，其第一百五十二条规定：“宅基地使用权人依法对集体所有的土地享有占有和使用的权利，有权依法利用该土地建造住宅及其附属设施。”也明确把“宅基地使用权”定义为“用益物权”，这是对农民的宅基地使用权利作了一次庄重的宣言。《物权法》第一百一十七条规定：“用益物权人对他人所有的不动产或者动产，依法享有占有、使用和收益的权利。”同时《物权法》中第一百五十三条规定：“宅基地使用权的取得、行使和转让，适用土地管理法等法律和国家有关规定。”按照物权理论，宅基地使用权作为一种私权，使用权人可以根据自己的意愿和需要处分这项权利而不受任何干涉。这为宅基地使用权的流转奠定了法律基础。

另外，最高人民法院对涉及农村私有房屋买卖的规定——最高人民法院《关于贯彻执行民法通则若干问题的意见（修改稿）》第一百三十一条第二款规定：“房屋所有人出卖农村私有房屋，买卖双方自愿，立有契约，交付了房款，并实际管理和使用了房屋，又没有其他违法行为的，应当认定买卖关系有效。当地政府规定需要办理登记或纳税手续的，按当地规定办理。”这说明最高人民法院在指导下级法院的相关司法实践中，对非集体组织成员购买农村私有房屋持支持态度。按照我国“房地一体”的原则，农民宅基地使用权会随着房屋的买卖而放弃。

综观我国法律条文，虽然没有明确规定农村宅基地可以依法退出，但法律并没有禁止农村私有房屋的买卖，既然宅基地上的房屋所有权可以买卖，这意味着宅基地使用权可附随房屋所有权而退出，这符合我国“房地一体”的基本原理。

（二）农村宅基地退出的社会背景

改革开放以来，我国的城市化、工业化快速推进，城市化率从 1979 年的 18.96%提高到了 2004 年的 41.8%，从 2004 年开始，我国人均 GDP 超过 1000 美元，按照美国著名经济地理学家诺瑟姆的城市化发展 S 模型观点，我国已经进入工业化中期、城市化的快速发展阶段。在这样的背景下，2005 年我国中央一号文件首次提出要“工业反哺农业，城市支持农村”。党的十六大报告中提出要统筹城乡发展战略。统筹城乡发展成为着力破除城乡二元结构、形成城乡经济社会发展一体化新格局的重要途径。

统筹城乡发展就是要把农村和城市对接，把城乡经济社会作为一个整体来统一规划，使资源、资金、技术、劳动力在城乡之间、产业之间有序流动和优化配置，实现资源共享、市场共用、优势互补、平衡发展，配套协调、促进城乡共同发展（田光明，2011）。城乡发展的关键是实现各种要素在城乡之间自由流动，而土地是一切要素流动的基础。因此统筹城乡发展的关键是统筹城乡土地利用。而统筹城乡土地利用的关键是缓解甚至解决当前城市土地供给紧张与农村土地利用效率低下的矛盾，特别是城乡建设用地利用的矛盾。

我国实行土地国家所有制和农民集体所有制为基础的城乡二元管理制度，基于国情需要，我国实行世界上最严格的以耕地保护为核心的土地管理制度。随着工业化、城镇化的快速推进，这种严格的土地管理制度制约了城市的空间扩展与发展。这要求我们必须优化配置有限资源，集约节约利用土地。农村宅基地作为农村集体建设用地主要组成部分，由于城乡二元结构下其特殊的功能和限制流动性造成了农村宅基地利用中普遍存在土地闲置浪费、居民点无序扩张、侵占耕地严重和农村土地管理混乱等。一方面是城市化、工业化导致的城市扩张占用耕地；另一方面是农村居民住宅用地（宅基地）扩展占用耕地，在双重挤压的情况下，耕地保护压力巨大。因此，统筹城乡发展需要将城乡土地利用纳入一个完整的系统中进行统一规划、统筹利用，通过城乡之间的要素流动提高土地资源的配置效率。在严格的耕地保护制度下，城镇化、工业化的发展需要开辟建设用地供给第二来源。这要求改变集体建设用地粗放浪费现象，实行集中配置农村宅基地。

与此同时，2005年党的十六届五中全会通过《“十一五”规划纲要建议》中提出推进社会主义新农村建设，并提出建设社会主义新农村目标：“生产发展、生活富裕、乡风文明、村容整洁、管理民主。”这个内涵包括了很多方面的内容。而这些需要各种合理的社会制度的建立，其中宅基地制度就是不可或缺的一项。在《关于推进社会主义新农村建设的若干意见》中就明确指出，要加强宅基地规划和管理，大力节约村庄建设用地。由此可见，在新农村建设中，宅基地的建设整理工作有着很重要的地位。通过农村宅基地整理达到节约集约用地的目的。而农村宅基地整理主要通过村庄的拆迁、归并与再利用实施村庄改造与更新，这必将涉及农村宅基地的退出。因此，大力推进社会主义新农村建设，为农村宅基地的退出带来了新的契机。

（三）农村宅基地退出的政策和实践背景

宅基地使用权退出制度作为一项新的制度设想，从宏观上看，目前中央政府并没有全面肯定这一制度的实行，而是在相关政策中指出要积极探索宅基地使用权退出制度。现在，中央政府已经在部分省区设立改革试验区，允许改革试验区根据各地情况，突破现有法律法规的规定，探索宅基地使用权退出的可行性。

2000年通过的《中共中央　国务院关于促进小城镇健康发展的若干意见》提出，严格限制分散建房的宅基地审批，鼓励农民进镇购房或按规划集中建房，节约的宅基地可用于小城镇建设用地。该意见的发布为农村宅基地退出做了铺垫，指出进镇农户的宅基地应该适时退出。

为了进一步防止农村宅基地的闲置浪费，国土资源部2004年印发了《关于加强农村宅基地管理的意见》通知，要求各地因地制宜地开展“空心村”、闲置宅基地、空置住宅、“一户多宅”的调查清理工作，对于“一户多宅”

和空置住宅，各地要制定激励措施，鼓励农民腾退多余宅基地，促进土地集约节约利用。

2004 年《国务院关于深化改革严格土地管理的决定》（国发〔2004〕28 号）“调控新增建设用地总量的权力和责任在中央，盘活存量建设用地的权力和利益在地方，保护和合理利用土地的责任在地方各级人民政府，省、自治区、直辖市人民政府应负主要责任”，“在符合规划的前提下，村庄、集镇、建制镇中的农民集体所有建设用地的使用权可以依法流转”。

2005 年，党中央、国务院为加快小康社会建设，推动农村经济更快发展，提出了新农村建设这一目标。在《关于推进社会主义新农村建设的若干意见》中明确指出：要加强宅基地规划和管理，大力节约村庄建设用地。

2005 年底，国土资源部研究制定了《关于规范城镇建设用地增加与农村建设用地减少相挂钩试点工作的意见》（国土资发〔2005〕207 号），并在全国开始试点工作。

2006 年 3 月，国土资源部出台《关于坚持依法依规管理节约集约用地支持社会主义新农村建设的通知》，该通知要求各地国土资源部门：要适应新农村建设的要求，稳步推进城镇建设用地增加和农村建设用地减少相挂钩试点、集体非农建设用地使用权流转试点，不断总结试点经验，及时加以规范完善；坚持建新拆旧，积极推进废弃地和宅基地复垦整理；村庄复垦整理节省出来的土地，按照因地制宜的原则，宜耕则耕、宜建则建，优先用于农村经济社会发展。

在我国，农村土地制度和户籍制度息息相关。在国家政策逐步放松对宅基地流转的同时，国家有关户籍制度的政策也相继启动。2004 年中央一号文件明确要求改革大中城市户籍制度，放宽农民就业和定居的条件。2011 年出台的《国务院办公厅关于积极稳妥推进户籍管理制度改革的通知》中提出了放宽中小城市落户条件，满足符合条件的农民的转户要求。户籍制度改革政策的出台为农村宅基地流转提供了内在动力。

随着中央政策的不断出台，我国不少省份颁发了有关促进农村宅基地退出和户籍制度改革的法律文件。2006年成都市温江区制定《关于鼓励农民向城镇和规划聚居集中的意见（试行）》和《关于放弃宅基地使用权和土地承包经营权农民参加社会保险实施细则（试行）》，开始宅基地使用权和土地承包经营权的“双放弃”改革模式。2010年，重庆出台《重庆市户籍制度改革农村土地退出与利用办法》，通过户籍制度改革引导农民退出宅基地和承包地。此外，不少省如广东、陕西、安徽等地都出台了农村宅基地退出的补偿政策。分析政府政策调整的路径可以发现，尽管从制度层面还没放开宅基地流转与退出，但在政策层面，政府已逐渐认可宅基地流转和退出。

第二节　农村宅基地退出的实践及主要模式

随着大力推进建设用地节约集约利用、建设社会主义新农村和统筹城乡发展目标的提出，以及2005年底“挂钩”政策的出台，目前，已有很多省（市）响应国家政策，通过加大农村宅基地置换、整理复垦等方式探索农村宅基地的退出与补偿，在实践中创新出各种不同的模式及实施典型地区。在这些地方模式中，以重庆“地票”、天津“宅基地换房”和嘉兴“两分两换”为代表的地方改革试验因其推进的广度、深度及操作模式与以往各地的做法均有较大的差异，从而引起了政府、学界和公众的广泛关注（汪晖，2011）。

一、宅基地退出典型模式介绍

（一）天津“宅基地换房”模式

1. 案例介绍

小城镇建设是我国推动农村与城市社会经济结合、发展的重要战略，是加快城市化进程的重要选择。天津推出了以“宅基地换房”来加快小城镇建设的方案。天津“宅基地换房”的具体内容：农民自愿以退出宅基地使用权与原有房屋的所有权为代价，按照规定的置换标准置换城镇统一规划区内的一套住房，迁入新建小城镇居住，获取新建房屋的所有权及相关国有土地使用权，实现农民宅基地的产权归属。农民原有的宅基地统一组织整理复耕，实现耕地总量不变、质量不减、占补平衡。整合出的多余土地，政府在土地市场上进行“招、拍、挂”，用这部分土地的出让收入来平衡小城镇建设资金和增加就业岗位。

天津华明镇是天津“宅基地换房”项目的首批试点镇。具体做法如下：

(1) 规划编制。东丽区政府组织编制小城镇建设总体规划和土地整理复耕规划，报上级政府审批，由华明镇所在的东丽区建委成立一个建筑公司——天津滨丽公司，负责征地、融资、建设农民集中居住社区——华明家园。

(2) 置换政策制定。镇政府制定换房政策和标准，提供换房配套的政策(如就业途径、社会保险等)，按照天津市宅基地置换政策确定的置换标准，宅基地换房主要有两个标准：一个是宅基地主房建筑占地面积和附房建筑占地面积，一个是30平方米/人的标准置换商品房。前者以主房的建筑占地面积一比一置换，附房的建筑占地面积则是2平方米换1平方米，屋前屋后院落占地则不予计算；另一个是宅基地上的住房面积。此外，天津在推行“宅基地换房”的过程中提供相应的社会养老保障，即男60岁、女55周岁，将承包地交给村集体经济组织的，可以享受平均每月470元的社会保障金，80岁以上的老人可享受平均每月570元的社会保障金。而16~55周岁的适龄人员将承包地交给村集体经济组织的，参加城镇职工养老保险。就业主要靠本地区物流、安保、保洁等工作，政府出面给予解决。在面向全市输送就业人员的同时，加大对农民进行就业培训，设立新区就业培训组织，免费开设一些就业门路好的课程如电焊、驾驶等培训课程。

（3）置换实施。村民根据政策和标准自愿提出搬迁、换房申请，提交宅基地换房申请的户数达到全村 90%以上后，村委会和镇政府签订合同，整个宅基地置换过程中一共涉及 6 份合同，力求在自愿的基础上依法行政。

（4）土地复垦。农民退出的宅基地由政府统一组织复耕，复耕后的土地仍然发包给本村村民，不改变原有的土地承包责任制。完成耕地占补平衡后，节余的土地直接成为了建设用地，归东丽区政府支配，政府拿到指标后在规划范围内进行征用操作，获得建设用地发展空间，同时通过“招拍挂”的方式出让，实现了宅基地的增值。

2. 案例特点

天津试点下的农村宅基地退出是城乡建设用地增减挂钩政策下的产物。从试点区的置换流程分析，天津试点具有以下特征：

第一，从组织主体看，政府是宅基地退出的主体。从编制规划到置换政策制定，再到置换实施以及土地复垦，实施的主体都是政府。

第二，从置换过程看，遵循了“自愿”“有偿”原则。政府在引导农民退出宅基过程中坚持自愿申请与自愿退出的原则，但是，农民作为宅基地的真正权利人，能否真正参与到对置换的规划制定和制度设计等各方面就不得而知。实际上，实践中较低的退出补偿标准以及不确定的就业安置难以吸引农户的参与，而较少的农户参与意味着宅基地换房的流产，这是地方政府主导的试点所不愿看到的结果。这种情况下，天津方案如果要顺利实施，农户是否会受到行政力量的影响不得而知。

第三，从收益分配来看，天津试点中涉及农民、农村集体、地方政府等多方利益主体。各参与方在其中获取的利益不同。天津试点通过制度重新安排，通过“以房换房”，让农民和农村集体经济组织失去了土地所有者应享有的土地非农发展权收益，地方政府获得土地所有权、新增建设用地指标，以及新增建设用地的土地非农发展权收益。对于农民来说获得了不对等的补偿和生活成本的提高。宅基地退出补偿标准是依据户籍人口数和农民住房建筑面积进行补偿，未对宅基地使用权进行补偿。从安置方式看，这种以小城镇为中心集中安置的方式使村民短时间内离地离村变为“城市农民”，实现了居住空间上的纵向集中，改变了传统小农经济以家庭为单位的运作模式。传统生活生产方式急剧改变，加大了继续涉农生产的农民的成本，同时由于集中居住后水电费、物业费等支出提高了村民的生活成本。因此，天津试点中，地方政府是最大获益者，集体经济组织和农民是利益损失者。

（二）浙江嘉兴的“两分两换”模式

1. 嘉兴模式的背景

由于浙江嘉兴发达地区的经济发展速度超过预期，实际用地需求已大大超过计划下达量，建设用地指标极为紧张。根据要求，到 2020 年，嘉兴耕地保有量不得低于 299.81 万亩（合 199873.3 公顷），城乡建设用地总规模不得突破 78240 公顷，其中新增建设占用土地不得超过 22235 公顷。而依据嘉兴市统计年鉴，2005 年耕地保有量为 210844 公顷。这意味着耕地数量只能减少 10970.7 公顷，即每年只能减少 731.4 公顷。事实上，嘉兴 1997~2005 年平均耕地减少量为 19.4 公顷。即使在新一轮规划期内的 2006 年、2007 年耕地减少量也分别达到了 2361 公顷、1743 公顷。依据国家下达的新增建设占用指标，嘉兴未来十多年耕地指标存在 112643 公顷的巨大缺口。但农村宅基地较为浪费。嘉兴农村人均宅基地占地面积 170 平方米，户均宅基地高达 0.96 亩，农民住房空置率高达 30%左右。根据规划，嘉兴力争在 2020 年之前把全市目前的 13111 个农民居住点缩减集聚到 48 个新市镇和 372 个新社区，农村整体布局全面优化，农居布点大幅减少。此举再通过宅基地复耕和土地整理等途径节约土地 40 万~50 万亩，为今后嘉兴 20 年的发展储备好土地资源。因此，嘉兴模式是来自于地方政府对土地指标的渴求。

2. 具体做法

（1）制度改革。2008 年，嘉兴开始实行以土地使用制度改革为核心，包括户籍制度、规划管理制度、公共服务均等化、新市镇建设等在内的“十改联动”改革；率先取消农业户口、非农业户口分类管理模式，全市城乡居民户口统一登记为“居民户口”。

（2）以土地承包经营权置换社会保障。其中换社保就是为承包地流转签约户中的年满 60 岁的老人每月由政策执行公司发放 200 元生活费，从承包地流转收益中支付。

（3）以宅基地置换城镇房产，允许农户在退出原宅基地的前提下，补偿方式分为实物（安置房）补偿、货币补偿、建设性补偿三种。

（4）实施方案。当地政府出资成立投资公司作为推动主体，该公司在法律、政策允许的范围内向省政府申请建设用地指标以建设集中规划区安置搬迁的农民，并以未来新增建设用地指标为担保向金融机构融资获得首期搬迁资金，在农民自愿的基础上开始实施置换方案，宅基地及其上附着的建筑物、构筑物可以置换自建排屋、有产权证的公寓房，也可选择货币补偿。

（5）宅基地整理，宅基地置换工作完成以后，对于退出的宅基地由投资公司进行复耕，复耕后投资公司以节约的耕地换取等比例或者略有折扣的建设用地指标。

3. 浙江嘉兴模式的特点

通过案例分析，浙江嘉兴模式通过新农村建设，以相对集中的方式引导农民向新规划的中心村集中，促进农民集中居住，达到改善农村人居环境和实现土地节约集约利用的目标。从整个过程分析具有以下特征：

第一，农村宅基地退出以政府主导和市场主体共同主导模式。在嘉兴 9 个试点镇都有由地方政府和投资公司共同组成的投资主体，负责农民安置房的建设和农村旧房的拆迁补偿等工作。

第二，从置换过程看，遵循了“自愿”“有偿”的原则，政策制定中充分考虑不同类型人群的需求，农民可根据自己的意愿选择不同的补偿方式和安置方式。

第三，从收益分配看，地方政府通过制度安排，宅基地整理复垦后的建设用地直接归投资公司，投资公司以节约的耕地换取相应的建设用地指标。地方政府及其组成的投资公司成为了制度变迁中的利益最大者。

（三）重庆“地票”模式

1. 案例介绍

2007 年，重庆被国务院批准为全国统筹城乡综合配套改革试验区，特别是国务院《关于推进重庆市统筹城乡改革和发展的若干意见》（国发〔2009〕3 号）文件，明确肯定和授权重庆利用“开展城乡建设用地增减挂钩试点”和“成立农村土地交易所，开展土地实物交易和指标交易的实验”等政策。2008 年 12 月，由重庆市政府出资 5000 万元成立的“中国首家农村土地交易市场”——重庆农村土地交易所正式挂牌成立。以农村土地交易所为平台的“地票”交易制度推进了城乡统一土地市场的构建。

（1）“地票”交易推动了全市农村范围内农村建设用地的流转。

“地票”交易制度源于农村集体建设用地流转制度的推进，尤其是城乡建设用地增减挂钩的推进。2008 年 12 月重庆市政府出台了《农村土地交易所管理暂行办法》（渝府发〔2008〕127 号）（以下简称办法），这个办法将农村土地分为实物交易和指标交易，前者主要是农村集体土地使用权（如乡镇企业用地、宅基地、村办企业及公益事业建设用地等）和承包经营权交易，后者主要是城乡建设用地挂钩指标交易。

按照《重庆农村土地交易所管理暂行办法》（以下简称《办法》）第十八条的规定，重庆农村土地交易所交易的地票，是指农村宅基地及其附属设施用地、乡镇企业用地、农村公共设施和农村公益事业用地等农村集体建设用地，经过复垦并经土地管理部门严格验收后产生的指标。由市国土房管部门发放的等量面积建设用地指标凭证。农村家庭只要拥有其他稳定住所、稳定生活来源，其农村宅基地就可复垦为耕地置换成建设用地指标用于“地票”交易。《办法》规定了地票产生的程序和条件，具体如下：

首先，指标产生具有严格的程序。宅基地使用权人向国土资源部门提出复耕申请→国土资源部门对申请进行调研、审核和批复→进行复耕→国土资源部门验收复垦宅基地→验收合格后颁发城乡建设用地挂钩指标凭证。

其次，在交易的条件上必须是符合相关政策规定的主体资格。农民家庭申请宅基地复垦，必须提供集体土地使用证或其他权属证明，以及拥有其他稳定居所、稳定生活来源的证明和所在农村集体经济组织同意复垦的书面材料。

最后，在交易程序上，《办法》详细予以了规定，并成立了专门的农村土地交易所。政府根据进行土地交易的当地的经济情况和城乡建设情况，确定交易基准价格。如果交易时的价格比基准价格要低，那么原农村集体经济组织便对该土地有优先购买权。指标的购买者要明确购买的土地指标的用途，并在指标交易成功后将交易价格的一部分用于耕地复垦。其他收益则由集体经济组织内的全部农民分享，具体如何分配由各集体经济组织按照法律规定的程序来确定。

(2) 以“户籍制度”改革促进“地票”交易。

为了加快农村土地制度改革，全市启动了以户籍制度改革推动全市的“地票”交易。2010年7月，重庆市政府发布了《重庆市人民政府关于统筹城乡户籍制度改革的意见》(渝府发〔2010〕78号) 对全市农村户籍制度进行了改革，同时出台了《重庆市统筹城乡户籍制度改革社会保障实施办法(试行)》(渝办发〔2010〕202号) 和《重庆市户籍制度改革农村土地退出与利用办法(试行)》(渝办发〔2010〕203号) 等一系列配套改革措施。其中，渝办发〔2010〕203号文件对户籍制度该改革过程中的农村土地退出与管理利用做出了规定。截至目前，重庆市政府共陆续出台了土地处置利用文件17个。

转户农民宅基地退出程序为：转户居民向原户籍的所在地提出退地申请→有关机构受理申请，开展测量形成相关资料造册→在集体经济组织内张榜公布→签订退出宅基地协议→区县国土部门审核→区县人民政府审核→转户农民退出宅基地→向转户农民支付价款。

转户农民宅基地退出补偿安置：根据《重庆市户籍制度改革转户农民农村宅基地及其附属设施用地处置与利用管理实施办法》，对转户农民自愿退出的宅基地及其附属设施用地，按规定能复垦产生地票的，根据《重庆市国土房管局关于调整地票价款分配及拨付标准的通知》（渝国土房管发〔2011〕170号）规定，“落实地票价款溢价分配政策”（一）复垦农村宅基地及其附属设施用地的，农户与集体经济组织应得价款按85∶15的比例分配。在渝国土房管发〔2010〕220号文件确定的农户9.6万元/亩、农村集体经济组织1.7万元/亩的最低保护价基础上，农户所得价款分配标准提高至12万元/亩、农村集体经济组织所得价款分配标准提高至2.1万元/亩，同时规定了宅基地补偿面积上限为2亩。不能复垦产生地票的统一按9.6万元/亩的收购价一次性结清价款。

此外，在土地制度改革中让退地农民享受城镇社会保障。

首先，建立和完善住房保障制度。针对城市非规划区的农民，“符合条件的农户纳入公共租赁房、廉租房等保障范围，并鼓励有条件的转户农民购置普通商品房”。在主城区及区县城镇规划区内农村居民（大部分都是主城区接合部和区县的城乡接合部），符合条件的农民转户进入统一规划建设居住小区。即类似宅基地换房的方式来推进宅基地退出。

其次，推行和完善养老保险制度。对于符合条件的农村居民，在户籍转性后，“自愿退出宅基地的，年满16周岁以上的人员自愿参加‘农转城’人员养老保险办法。参保资金由区县国土部门核准的退出宅基地的补偿费代缴。退出宅基地的补偿费不足缴费的，差额部分由个人自筹资金缴纳。若代缴后有剩余的，剩余部分退还给转户居民”。

最后，建立和完善就业制度和进城后农民子女教育制度。针对转户成年居民，重庆市政府将纳入城镇就业服务和政策扶持范围，针对转户后的未成年居民保障转户居民子女接受公平教育。

2. 案例特点

重庆“地票”模式对城乡建设用地增减挂钩更深层次的拓展，也是国外土地开发权转移（TDR）制度在中国的创新实践，同时也为实现城乡土地“同地、同价、同权”的目标提供了新的思路（吴珢，2011）。重庆“地票”模式突破了城乡建设用地增减挂钩政策下指标不能跨区域、大范围内交易的局限性，赋予了农民对“指标”交易具有独立的交易权，不同于“挂钩”政策下将农民对指标交易的权利与集团的意志捆绑在一起。因此，它是对城乡建设用地增减挂钩制度的深层次拓展，能更有效地保障农民的权益。重庆市在引导农民退出宅基地政策制定中，对农民权益的保护进行了多种制度设计：

第一，在地票产生环节对退出宅基地申请做出了层层限定，农户要退出宅基地使用权必须要满足三个基础条件，避免了农民因盲目退出宅基地而造成的居无定所。

第二，在交易环节，实行了价格保护措施。在考虑多重因素的基础上，制定了全市统一的城乡建设用地挂钩指标基准交易价格。

第三，在收益分配环节，确定了农户的主体地位。

第四，建立和完善了农民的保障措施。

尽管重庆“地票”交易在制度上充分保障了农民的权益，但我们不难看出：

首先，农民交易主体地位缺失。农民作为持票人未直接参与交易，把“地票”交易权委托给了政府，农民与政府之间形成委托—代理关系。在双方利益的目标函数并不一致的情况下，农民作为交易中的弱势群体而缺乏话语权，自身利益无法得到有效的保障。

其次，农民就业、居住权益存在很大的隐患。虽然制定政策时对退地农民做出了层层限定，但这些在城市具有稳定住房和生活来源的农民基本上都是在城市中以租房为主和在城市中打工来获取生活来源，居住条件和生活来源虽然暂时看起来稳定，但从长远的角度看，还不能说是长远生计可持续，因为市场经济的风险性等因素决定了他们的收入来源和居住条件不可能是一帆风顺的。在住房方面，绝大部分农民在城里没有自己的房屋，基本上都是靠租赁获得“稳定的住所”。虽然重庆市人民政府《关于统筹城乡户籍制度改革的意见》规定，将这些“农村居民纳入公共租赁房、廉租房等保障范围……鼓励有条件的转户居民购置普通商品房”。但能够真正在城里买房子的农村居民毕竟很少。这些农村居民在城市里没有自己产权的住房，如何实现自己宅基地使用权财产性收入的增加？更不用说可以实现“居者有其屋”了。在就业保障上，宅基地“地票”交易并没有与宅基地复垦地区的产业发展联系起来，只在城市里寻找就业，因此就业途径转型幅度较大，而且比较单一。

最后，从土地收益分配来看，地方政府、农民、村集体共同分享了土地增值收益。地票成交价款全部用于农民增收和农业、农村建设。腾出的宅基地及附属设施用地以“地票”形式获取的纯收益中85%给农户，剩余的15%留给村集体经济组织。但农民无权享受宅基地增值收益。农村宅基地退出复垦产生的增值收益由三部分组成：第一部分为宅基地复垦为耕地后产生的生产收益；第二部分为通过宅基地复垦后产生的“地票”交易的收益；第三部分为“地票”落地后产生的土地出让净收益。从分配方式看，农民和村集体获得了地票交易的收益。第三部分收益全归政府所得，这才是农村宅基地退出后土地增值收益的主要来源。按照《办法》规定，农民没有分享农村宅基地退出中“土地发展权”转移所带来的土地增值收益（第三部分）。所以，政府成为“地票”交易中的最大利益主体。

二、试点模式的共同特征分析

（一）试点模式的共同特征

综上分析，尽管各地农村宅基地退出的实践类型和模式各有不同，具体运作存在一定的地区差异，但综合各地试点情况可以看出，作为当前中国农村宅基地制度的一大创新，它们又具有某些共性，体现了这一制度运行的总体特征。

1. 政府在退出模式中发挥着主导作用

在市场价格信号的引导下，交易双方进行自愿平等交易是市场交易的基本准则，经济学理论告诉我们，交易中同意的一致性能够促进资源的优化配置。但是，现行的土地流转中交易双方很难确保自愿平等的原则，行政权力往往纠缠在经济权利之中（刘洪彬、曲福田，2006）。从当下的农村宅基地退出的试点中可以看出，宅基地的退出是行政手段（非市场路径），即政府借助行政权力介入并主导完成。“挂钩”制度本质是发展权空间重新配置的过程，这种权利的取得需要对原有宅基地进行整理复垦等一系列的工作，政府需要对其整理复垦的耕地进行检查验收后才能获取建设占用耕地指标。对于我国农民来说，不能享受城镇居民同样的社会保障等待遇，“无期限、无流动、无偿性”的宅基地利用方式，为其提供最基本的生存保障。农民宅基地退出则意味着放弃了原有农村居住的生活方式，需要在城镇或集中居住区进行生活。随着生活环境的改变，生产方式必将改变。农民将逐渐放弃原有的农业生产，完全从事非农业生产。这一过程就会使大量农民的生产和生活方式共同改变。因此，在推进农村宅基地退出试点工作中，政府一方面应考虑如何保障农民权益，防止农民因追求短期利益而出售宅基地，最后流离失所引起社会矛盾的可能性；另一方面政府也要控制盲目的建设用地流转行为。因此，基于农民社会保障的不完善、相关法规规划管制尚未建立健全等诸多因素的考量，政府主导下的农村宅基地退出成为各地模式中的共同点。

2. 土地级差收益成为政府推动宅基地退出的基础和动力

从各地退出实践看，无论是以户改推动农民进城，还是以宅基地置换的形式推动农民进城集中居住，包括宅基地整理复垦等，都是以土地区位变化的级差收益作为支撑才得以实现。价格推动着要素向利用率高、价格高的区域集聚，因而形成了宅基地的空间位置的移动，同时也推进了农民向城、镇和集中居住区的流动。由于宅基地的特殊性，农民虽然进城工作但不愿放弃原有的宅基地。通过宅基地的空间区位的级差地租推动农民进城、进镇和集中居住，可使农民享有的“无偿、无限期、无流动”的宅基地获得了原先没有的财产权益，农民享受到了因城镇化、工业化带来的土地增值收益。同时，在实践中，农民置换的安置房屋的市场价格远远超出原有宅基地的价格，在理性的农民选择中，市场的价格机制推进了农民退出宅基地。同样只有农民退出宅基地，宅基地才可能在城乡区域间进行空间上的重组和配置。

3. 政府获取“土地发展权”

从实践案例中分析发现，农村宅基地退出实现了“土地发展权”重新配置，地方政府获取了本应属于农民和农村集体的“土地发展权”。宅基地退出过程如图 3–1 所示。

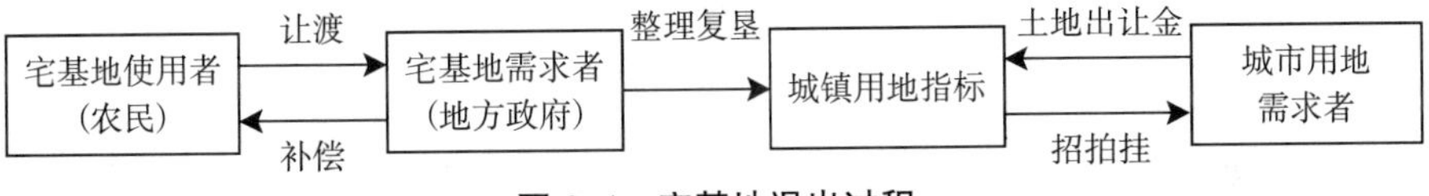

图 3–1　宅基地退出过程

从图 3–1 中可以看出，整个过程概括为三个主体、三个步骤。

三个主体分别是：作为宅基地退出主体的农民，作为宅基地需求主体和新增城市建设用地供给主体的各级地方政府，以及作为新增城市建设用地需求主体的城市用地者。

三个步骤分别是：首先，由农民把自己的宅基地退出，流转给地方政府，形成农民与地方政府的交易关系。其次，地方政府对退出的宅基地进行整理和置换，将节约出来的宅基地整理复垦为耕地后换取城市建设用地指标。最后，将指标换取的城市建设用地在城市土地一级市场上按照协议、划拨、招标、拍卖和挂牌的方式出让给城市用地者完成流转。而最终的宅基地复垦后的耕地要么留给集体使用耕种，要么留给了原宅基地使用者，农村宅基地整理复垦后的耕地的所有权和使用权仍然由农村集体经济组织享有。因而，政府推动宅基地退出本质上不是宅基地本身而是从宅基地退出复垦后获得的建设占用耕地指标过程，即土地“发展权”的空间重新配置和交易的过程。

（二）试点模式存在的共同问题

地方政府在推行过程中，其关注的重心主要是建设用地指标，尽管对于农民的权益给予一定程度的关注，但相关制度并没有真正建立起来，实践操作层面上并不是很规范，因此不可避免地存在着权益保障问题。

1. 农民的参与度不够

在政府主导型的城乡建设用地增减挂钩实践中，农村宅基地退出的实质是农民与政府之间的交易，农民把宅基地使用权让渡给政府，政府对其进行补偿安置。宅基地使用权作为一种用益物权，缺乏科学定价的基础，从而造成退出宅基地的货币补偿额以及购房补助等都缺少客观参照标准。地方政府在补偿政策的制定方面具有绝对的权威，农民在退出过程中处于弱势地位，不能平等地和政府进行谈判，对房屋退出补偿标准和安置办法的确定，都是政府直接规定补偿方式和标准，有的地方政府甚至根据其财力的承受能力制定房屋补偿安置标准。如在天津的实践中，为了缓解政府财政压力，政府给出的补偿较低，一般一户 60 平方米住宅的农户可以轻松置换到 80 平方米的房子就被认为条件很优厚了。此外，在政府获得农民的宅基地经过整理复垦将产生的节余建设用地推向市场“交易”的过程中，作为宅基地供给主体的农民并非直接交易主体，而是被排斥在最直接、最核心的交易之外。这一过程，农民不知道指标最终流向了谁，为谁所用，基本不了解土地的最终交易价格和土地交易金额的最终分配方案。可见，政府制定宅基地退出补偿→宅基地整理复垦产生节余建设用地指标→指标交易，整个过程都由政府控制，农民处于被动和不平等的地位，无法以独立权利主体参与到土地退出的谈判中，也没有机会表达对自身权益的诉求。这往往会造成失地农民的主体权地位被剥夺，失地农民的参与权、发言权等权利受到侵害。

2. 农民住房保障力度不够

对于农村社会而言，传统农村土地制度在相当大程度上还发挥着“耕者有其田、居者有其屋”的社会保障功能，承担农民的生存权和住房保障权。农村宅基地退出实践对于传统农村社会“居者有其屋”的土地保障形成了挑战。尽管各试点在出台有关政策时考虑了农民的住房保障权，但从实际效果看，存在着以下不足：

第一，宅基地补偿标准不合理。如天津模式中以宅基地上住房面积作为补偿依据，补偿方式是以房换房。浙江嘉兴模式中以宅基地上住房面积为主要补偿依据，补偿方式为货币补偿、房屋置换、建设性补偿三种方式结合。重庆模式中以宅基地面积作为补偿依据，补偿方式可选择“宅基地换货币、宅基地换社保”。由于缺乏法律和法规的明确规定，农村宅基地退出的补偿价格、补偿依据的确定具有很大的主观性、任意性和地域差异性，使得农民住房保障权益受到了不同程度的损害。

第二，在退出后农民所获得住房面积和其家庭人口存在着很大的不适调性，按照当下各地退出补偿条件，很多农民根本付不起人口标准超出实际主房和附房建筑占地面积的差价，从而可能导致宅基地面积缩小使居住空间急剧下降。

第三，宅基地退出后实现集中居住，置换房的质量和安全问题等可能给农民带来损害，如何保障农民的合法权益也是要面对的问题。

3. 农民生存保障堪忧

宅基地对农民来讲，不仅具有种居住保障功能，而且还有为农业生产服务的功能。一旦宅基地退出实现集中居住，农民的生活方式与生产方式将产生矛盾。主要体现在以下几方面：

一是换房后集中居住，并没有脱离农业生产，但由于耕作不方便，加大了农民的耕作成本，在土地收益有限的情况下会迫使一些农民放弃承包地。这样会造成一些因“失宅”而间接“失地”的农民。这可能带来一些比较严重的后果如失业农民数量迅速加剧。与之同时，如果退地后政府未将他们纳入城镇社会保障体系，从而使失去宅基地的农民处于一种无社保或低社保的境地，致使其生存压力比较大，长远生计可持续性问题比较严重。长期社会保障不足可能导致一定的社会隐患。

二是农民集中上楼居住，失去了自给自足的庭院经济带给农民的低成本生活方式，如自家种植的农产品、蔬菜水果、自家养殖的家禽家畜。一旦上楼，这些收入将不复存在。而农民上楼后的水、电、气、饮食支出等费用会增加许多。韩俊（2006）对浙江余姚市姚江花园集中居住的农民调查发现，农民的日常生活支出从平均每户 11617 元增至 15706 元，平均每户支出增加了 4089 元，增幅达 35.19%。在农民并没有找到弥补新开支的新的经济来源情况下，对于本就增收困难的农民来说无疑是“雪上加霜”，会导致很多退出宅基地的农民陷入“贫困”境地。

4. 农民无权享受宅基地增值收益

列宁曾说过，利益触动每个人的神经。农村宅基地退出涉及地方政府、村集体、农户，他们都站在自身利益的角度考虑收益问题。在现实的收益分配中，农户及村集体的利益容易受到伤害。农户和村集体获得的宅基地增值收益较少。农村宅基地退出是城乡建设用地增减挂钩政策下的产物，按照国家城乡建设用地增减挂钩的政策，通过农村宅基地整理而节约出来的部分农村建设用地以指标调剂的方式按规划允许调整到城镇使用。这种做法的确解决了城镇建设用地指标不足问题。但农民的宅基地通过土地整理与城乡建设用地指标置换，往往会产生高额的土地增值收益。对这部分源于宅基地资产价值的增值收益，农民却没有分享到，即政府压缩农村宅基地之后，对节余土地收益分配没让农民参与。事实是农民退出宅基地搬走后，政府通过整理复垦获得节余建设用地指标，通过出让，宅基地收益归为地方政府，可以在土地出让中获取巨额的土地收益。如江苏南通市某镇“万顷良田建设工程”中，通过对五个行政村“增减挂钩”整理出新增农用地 281.83 公顷，其中，安排农民建新安置区 79.89 公顷，节余 201.94 公顷。通过出让 201.94 公顷节余建设用地指标获得土地出让收益 97296.10 万元，扣除成本后，镇政府通过农村宅基地整理可获得净收益为 3657.94 万元。对于农民来说，拆迁补偿款与购房款相抵后，农民一般需要再投入 2 万~3 万元才能购得集中安置房（诸培新，2012）。如重庆“地票”模式中明确规定腾出的宅基地及附属设施用地以“地票”形式获取的纯收益中 85%给农户，剩余的 15%以留给村集体经济组织。但农民无权享受宅基地增值收益。农村宅基地退出复垦产生的直接增值收益分为三个部分：一是复垦为耕地后产生的耕作收益；二是通过宅基地复垦后产生的“地票”交易的收益；三是地票落地后产生的土地出让净收益。从分配方式看，农民和村集体获得了地票交易的收益。第三部分收益全归政府所有，政府才是农村宅基地退出后土地增值收益的主体。尽管农户和集体经济组织获得了第一、第二部分全部收益，但是没有参与农村建设用地整理的土地增值收益的分配。因此，农户和集体经济组织获得的土地增值收益数量有限，政府拿走了大部分土地增值收益。

第三节　农村宅基地退出中农民土地权益的内涵

从法律上讲，权益是指公民受保护的权利和利益，农民的宅基地权益包括宅基地权利和拥有宅基地权利而带来的土地利益。可从我国正式法律法规与非正式法律规定中分析农民享有的宅基地权益。

一、我国宅基地产权制度蕴含的农民权益

我国农村宅基地实行所有权与使用权相分离的宅基地管理制度，农村集体经济组织享有宅基地使用权，使用权归农户。宅基地使用权无偿取得，长期使用。按照《物权法》第一百五十二条“宅基地使用权人依法对集体所有的土地享有占有和使用的权利，有权依法用该土地建造住宅及附属设施”之规定，所谓农村宅基地使用权，是指农村集体经济组织成员依法享有的在集体经济组织所有的土地上建造住宅及其附属设施的权利，包括对宅基地占有、使用、收益与有限处分的权利。

依据我国相关法律法规及国家有关政策文件的规定，宅基地制度所蕴含的农民权益可以归纳为如下两个方面：

（一）农民拥有宅基地使用权和房屋所有权

宅基地所有权和使用权相分离，农民集体拥有宅基地所有权，农民拥有宅基地长期、免费的使用权。农村宅基地的分配依照“居者有其屋”的福利保障原则，农民（以户为单位）在依法取得宅基地使用权后，拥有对宅基地的长期免费使用权，只要农民的家庭住房存在，农民集体一般无权收回宅基地。在我国农村，农民的“宅”是宅基地与地上房屋的总称，农村宅基地与地上房屋的产权制度不同，虽然农民只拥有宅基地的使用权，但其拥有宅基地之上的住房所有权。

（二）农民对宅基地拥有有限的处分权及相应的收益权

宅基地处分权是指宅基地权利人依法处置宅基地的权利。在现行的法律规定下，农民集体和农民享有的是一种有限制的处分权。虽然《物权法》将其定为用益物权，但也对其处分权能进行了法律限制。《物权法》第一百五十二条、第一百五十三条的规定，宅基地使用权人有权依法利用该土地建造住宅及其附属设施，但不能抵押，只能向符合条件的本集体经济组织成员转

让。也就是说，宅基地使用权的处分权只能随附房屋所有权而实现，不得单独转让、出租、抵押，且只能在本集体内部成员间转让。

宅基地收益权是产权在经济上的实现，构成了产权的内在价值，是指产权主体根据自己拥有的权利而获得一定收益的权利。具体而言，宅基地使用权人的收益权不仅包括宅基地使用权人居住的利益，还包括从事适当的非农业生产经营活动和在宅基地空闲处从事种植业为收益的权利，也包括因宅基地及其房屋出卖、出租等获取收益的权利。

但《民法通则》第八十条规定："土地不得买卖、出租、抵押或者以其他形式非法转让。"《担保法》第三十七条规定："耕地、宅基地、自留地、自留山等集体所有的土地使用权不得抵押。"由此可见，在法律层面上，无论是农民还是农民集体都没有完全的收益权。

二、城乡建设用地增减挂钩政策承载的农民权益

各地方政府推动农民宅基地退出的政策依据是国务院及国土资源部下发的有关城乡建设用地增减挂钩的系列文件，有关增减挂钩的政策文件中对于农民权益保护问题都有原则性的规定。

（一）宅基地退出中农民享有知情权、选择权与参与权

国土资源部根据《国务院关于深化改革严格土地管理的决定》（国发〔2004〕28号）集约利用农村建设用地的精神，出台了《关于规范城镇建设用地增加与农村建设用地减少相挂钩试点工作的意见》（国土资发〔2005〕207号）、《关于进一步规范城乡建设用地增减相挂钩试点工作的通知》（国土资发〔2007〕169号）文件、《城乡建设用地增减挂钩试点管理办法》（国土资发〔2008〕138号），明确规定和强调推行城镇建设用地与农村建设用地增减挂钩的整个过程中要"尊重群众意愿，维护集体和农户土地合法权益"。在项目区选点布局应举行听证、论证，充分吸收当地农民和公众意见，严禁违背农民意愿的大拆大建；在项目区实施过程中，涉及农用地或建设用地调

整、互换，要得到集体经济组织和农民确认。这些政策文件的规定突出了农民在宅基地退出过程中依法享有法律保障的知情权、参与权、意愿权。

（二）宅基地退出中农民享有合理补偿的受益权

《关于进一步规范城乡建设用地增减相挂钩试点工作的通知》（国土资〔2007〕169号）、《城乡建设用地增减挂钩试点管理办法》（国土资发〔2008〕138号）等文件对农民退地补偿与安置提出了原则性的规定。强调要对被拆迁农民进行足额补偿并妥善安置，使农民长远生计得到保障。集中安置的，要切实满足农民生产生活的实际需要，生活水平得到提高，使被拆迁农民真正从挂钩试点工作中受益。

（三）宅基地退出中农民享有土地发展权转移的增值收益

20世纪60年代末，美国政府在实行土地用途管制制度的基础上，仿照英国的做法，设置土地发展权，建立了土地发展权制度。土地发展权，就是土地变更为不同性质使用权，如由农地变更为城市建设用地，或原有土地利用集约度的提高。创设土地发展权后，其他一切土地的财产权（包括所有权）以目前已经编定的正常使用的价值为限，即以依法取得的既得权利为限。至于此后变更土地使用类别的决定权则属于发展权。土地发展权的基本观念是发展土地的权利，是一项可与土地所有权分割而单独处分的财产权。

2005年，国土资源部《关于规范城镇建设用地增加与农村建设用地减少相挂钩试点工作的意见》指出，城镇建设用地增加与农村建设用地减少相挂钩，是“将若干拟复垦为耕地的农村建设用地地块（即拆旧地块）和拟用于城镇建设的地块（即建新地块）共同组成建新拆旧项目区，通过建新拆旧和土地复垦，最终实现项目区内建设用地总量不增加、耕地面积不减少、质量不降低、用地布局更合理的土地整理工作”。这些政策为地方政府通过农村宅基地拆迁和复垦来产生额外的建设用地指标，以满足当地城市发展和工业区建设的用地需求。不难看出，农村宅基地退出后，一旦整理复垦为耕地，形成了挂钩指标，就具有了土地发展权，代表着拥有了能在异地占用等量耕地进行开发建设的权利。挂钩就是以挂钩指标的形式，通过土地发展权的转移，使农民和农村集体让出其土地发展权并承担起耕地保护的责任，不得随意开发建设，而地方政府获得发展权，可在城镇建新区发展建设。因此，城乡建设用地增减挂钩的核心是城乡土地发展权的转移。以城乡建设用地增减挂钩形式推动的农村宅基地退出其利益主要来源于城乡土地区位的差别，这种差别可使土地用途转换时产生巨大的级差地租收益。农村建设用地的所有权归属于农村集体，农民集体是土地增值收益的产权主体。《国务院关于严格规范城乡建设用地增减挂钩试点切实做好农村土地整治工作的通知》（国发〔2010〕47 号）及《国土资源部关于严格规范城乡建设用地增减挂钩试点工作的通知》（国土资发〔2011〕224 号）政策性文件强调，首先将整治腾出的集体建设用地复垦为耕地，在农村各种发展建设用地优先得到满足之后，经批准将少量节约指标转移到城镇使用，但必须将土地增值收益全额、及时地返还给农村。农民新居和新村基础设施、公益事业建设所需资金，主要是增减挂钩指标调剂使用的收益平衡，不得增加农民负担，让农民真正享受到增减挂钩试点带来的实惠。从政策文件内容的变化看，“农民应当分享宅基地置换中的全部宅基地发展权收益”。

三、宅基地功能所蕴含的土地权益

在我国农村社会保障制度不健全、土地稀缺性逐渐提升的背景下，宅基地不仅具有居住功能，还具有其他多种功能。王旭东（2010）认为，宅基地主要功能有：其一，居住功能，宅基地能满足农村居民居住需求。住房是人生存的最基本需要之一，居住权利是人权的基本内容。在我国，农村居民的住房通过宅基地制度保障。其二，社会稳定功能。宅基地管制保留排他性、限制可让渡性，使其成为农村最有保障的基本权利之一，起到社会稳定器的作用。此外，由于农村生活成本较低，作为为生产和居住等服务的宅基地，也间接发挥了稳定社会秩序的作用。也有学者认为，农村宅基地具有庭院农业生产的功能、家庭非农产业生产的功能（如家庭作坊、商业店铺等）、存储功能（如粮食、农具、柴草等的存储）、公共服务功能、休闲功能等（马佳，2008）。农村宅基地具有生存保障性与物权性双重性质（韩康，2008）。刘锐（2013）认为，农村宅基地具有承担居者有其屋的生活保障功能、保障农业收益的生产功能、承担应付市场风险的社会保障功能。岳永兵（2010）从经济学的角度分析了宅基地价值包括现实价值（居住功能、为生产房屋、提供生活补给）、期望价值（未来房屋重建、未来使用权转让）以及其他价值（低廉的生活成本和习惯的生活模式）。贾兵（2011）认为，宅基地具有居住保障功能、生产资料功能、环境功能和财产性功能等多样化的功能。因此，宅基地对于农民具有居住功能、社会稳定及财产功能、休闲功能、代际继承等功能。

第四节　农村宅基地退出中农民土地权益的具体内涵

农民作为宅基地使用权主体，在退出中享有的权益是多方面的。本部分从我国宅基地制度规定、政策规定以及基于宅基地的功能三方面对农民宅基地退出的土地权益进行全面界定。

一、经济权益

根据《土地管理法》和《物权法》规定，作为农民集体经济组织成员，农民依法享有宅基地使用权和房屋所有权。宅基地使用权的取得是一种基于身份的权利，宅基地使用权的成员权形成了产权的无期限性和无偿性。我国目前法律没有明确规定宅基地使用权的期限，法律规定，该成员死亡，房屋可以继承，依据我国“房地一体”的原则，宅基地使用权可以继承，这样农村宅基地使用权实际上就成为了一种没有期限的用益物权。宅基地使用权属于《物权法》中的财产权，财产权益为所有者对其拥有财产的所有、使用、处置、收益方面的权益。在农村宅基地退出中，宅基地及其附属设施是农民的固定资产，让渡其使用权应获得相应合理的补偿款。这种权利的让渡，同样体现在对房屋的处置上，农户将房屋的所有权进行让渡，也应在经济上获得相应补偿。此外，城乡建设用地增减挂钩的本质是土地发展权的转移，土地发展权转移会产生巨大的增值收益，根据国家政策的规定，城乡建设用地增减挂钩中产生的土地增值收益要全部归还给农民。作为农民和村集体就理应享有获得土地发展权以及由此带来的增值收益的权利。

二、社会权益

农民的社会权益指劳动就业权、居住保障权、生存权、发展权等。我国宅基地使用权的设立，主要目的在于为农村居民提供居住可能，以实现“居者有其屋”的生存保障，其本质是作为一种保障性的福利存在。此外，宅基地承载着农民低成本的生产、生活方式和安逸、平静的生活环境。因此，随着农村宅基地退出和农民居住空间的变化，不仅依附在农村宅基地上的这些社会权益失去了基础，而且也意味着农民将失去在农村生活的机会，失去基于土地而养成的生活习惯和生产方式。

三、政治权益

农民的政治权益主要表现为农民的政治参与权、政治决策权以及与此关联的农民在国家政治生活中的地位。按照城乡建设用地增减挂钩政策规定，农民在农村宅基地退出中与政府、农村集体相互博弈应具备的权利包括农民知情权、参与权、意愿权等。农民的知情权与参与权体现在：农民作为土地退出的主体，有权参与土地退出的全过程并知晓任何与之有关的细节，地方政府或集体经济组织不得隐瞒。农民的意愿权体现在：农民作为宅基地使用权权利主体能否根据自己意愿自主决定是否参与，地方政府或其他组织、个人不得强迫或干涉。

第五节　农村宅基地退出对农民土地权益的影响

地方政府主导的宅基地退出是目前发生范围最广、经济社会影响力最大的一种宅基地退出方式。在不同的地区，宅基地退出的具体改革措施虽然有所差别，但无非在推行方式和补偿标准等存在差异。其实无论哪种形式，其实质都是以统筹城乡和新农村建设为平台，借助于城乡建设用地增减挂钩和“占补平衡”政策，为有效解决城镇化建设的建设用地指标和资金问题，结合本地区经济社会发展条件所进行的一种以农村建设用地改革为把手来推动农村社会转型的探索或试点，基本做法都是在地方政府的安排下，用划好的一块宅基地、一套可能在建设或已经建好的住房、一定数额的货币，引导农民集中居住从而退出原有的宅基地和住房。地方政府根据具体情况，提供以上三种模式中的一种或两种结合的模式（或货币与宅基地，或住房与宅基地相结合的模式），让农民加以选择。无论是哪一种模式，只要引导农民集中居住后，政府可对农民腾退出的宅基地加以整理。节约出来的宅基地有四种利用方式：一是直接征收为国有；二是农民集体自己开发；三是政府与集体分享，部分征收为国有，部分留给集体；四是整理复垦，新增有效耕地面积归村级集体经济组织，宅基地整理复垦面积折算为建设用地指标用于出让。在这一增减挂钩过程中实现土地用途的更换和土地发展权的转移，而农民则被转移到村内社区、中心村或城镇居住。宅基地退出是一种将宅基地流转和村民居住方式相结合的变革。在宅基地退出的过程中，农民的权益关系发生了一系列的变化，具体而言可分为以下两个方面：

（1）空间置换。宅基地退出的过程中，农民被安置到中心社区、中心村或城镇，离开原居住地。

（2）产权变换。宅基地退出后，使用权归属发生了变动，村民丧失了原有的使用权、继承权等；而所有权则因不同的情况，有不同的归属。

目前政府主导下的宅基地退出，农民存在着明显的弱势情况，地方政府通过行政等手段将农民宅基地从农村置换到城镇，城镇经济发展有了足够的空间，但农民生活被迫改变。在和平发展时期，大规模的农民被迫放弃土地集中居住到中心村、城镇的做法必然会导致农民的土地权益发生变化。

一、对农民经济权益的影响

宅基地退出实行集中居住对农户经济权益的影响主要体现为以下三点：

首先，宅基地使用权和房屋使用权让渡的补偿问题。我国现行的关于土地与房屋补偿的法律法规有《土地管理法》《国有土地上房屋征收与补偿条例》《城市房屋拆迁管理条例》，其中后两个法律是针对国有土地和城市房屋而言，农村土地和房屋的补偿不属于上述法律的适用范围，而《土地管理法》中规定征收土地应按其原有用途补偿，也就是说，征收农村土地只能按照农用地用途的价值进行补偿，并且国家对于农村土地地上房屋价值的补偿规定是空白的。从各地退出实践分析，宅基地退出补偿存在以下问题：一是农村宅基地退出以很低的价格支付农民房屋拆迁补偿且补偿普遍不足；二是对农民的宅基地使用权根本不给予任何补偿（高圣平，2010）。农民退出宅基地实行农民集中居住，退出宅基地使用权及房屋所有权理应获得对价的补偿。由于补偿分配执行主体的多元性，补偿标准的模糊性，容易导致补偿不合理、不充分而让农民权益受损。如以天津“宅基地换房”模式为例，华明镇每户有效置换面积平均只有 75 平方米，但实际该村 1910 户家庭平均每户拥有宅基地 165 平方米。由于补偿不足，在农民集中上楼居住过程中，用农村社会普遍的用地较多的院落式房屋替换了多层式楼房，不仅使他们失去世代熟悉的院落，更要负担数额不等的房款。如按照天津市华明镇贯庄村民 165 平方米的小院只换来平均每户 75 平方米的有效置换面积。按照规定的人均 30 平方米的标准，一个三口之家要补足到 90 平方米，其中就有 15 平方米需要按照每平方米 600 元的价格购买。而要再享受每户 8 平方米的优惠价购买，则一套 98 平方米的房子还需要另外花 2.5 万元，如果想住更大面积的房子，则要按照每平方米 4000~5000 元的市价购买。

其次，因生活方式改变导致生活成本急剧增加。农民集中居住，居住方式由分散的“一户一宅”向城镇地区的“多户一宅”转变，改变了农民的居住形态和生产生活方式。农民到中心村（镇）集中居住后，对其生产和生活会产生一定程度的影响，丧失了在宅基地进行农作物耕种的权利，伴随的是失去了原有的熟悉的生活环境与较低的生活成本。宅地基退出后，地方建筑物的所有权便不属于村民所有，其所带来的流转收益也消失了，减少了村民的收入来源。退出对仍需要在原先的土地上从事农业生产的农户而言，其生产的不便利性是显然的。就生活而言，集中居住后被迫采取高成本的城镇消费和生活方式，其支出增加，经济利益大受影响。

最后，无权享受宅基地发展权转移所带来的收益。按照国家城乡建设用地增减挂钩的政策，通过农村宅基地整理而节约出来的部分农村建设用地以指标调剂的方式按规划允许调整到城镇使用。这种做法的确解决了城镇建设用地指标不足问题。但农民的宅基地通过土地整理与城乡建设用地指标置换，往往会产生高额的土地增值收益，这部分源于宅基地资产价值的增值收益，农民却没有分享到，即政府压缩农村宅基地之后，对节余土地收益分配没让农民参与。

二、对农民政治权益的影响

由于我国一直限制农村宅基地自由流转，现行的农村宅基地退出主要是政府主导下的集体行动，政府承担和控制着整个宅基地退出的运作过程，包括宅基地空间布局、退出决策、退出具体补偿的制定等。宅基地的退出关系到农民的切身利益，关系到农民生存保障等方面的问题。按照相关政策的规定，依法保障农民的知情权、参与权和意愿权。如果从实践层面上进行考察，尽管各地在制度推行中比较强调“自愿”的原则，但一旦农民的意愿不能服从地方政府时，农民的意愿能否受到行政力量的干预就不得而知。事实上，自 2008 年 5 月开始，华明镇贯庄村 866 户、3368 名村民委托了北京市农权律师事务所，欲起诉该村村委会、镇政府和所在区政府，提起同类诉讼的还有华明镇的赤土村（杨正莲，2009）。此外，对于农村宅基地退出过程中的拆迁、补偿和安置政策的制定，并没有权威的法律法规加以规范，基本上取决于地方政府的领导决策，其中的规范性、合理性等都不同程度地存在问题，是构成对农民土地民主权益侵犯的潜在风险。

三、对农民社会权益的影响

根据我国土地管理法的规定，宅基地使用权是依法审批后，由农村集体经济组织无偿分配给其成员，用于建造住宅的、无限期的集体建设用地使用权。由此可以看出，宅基地使用权是农村集体经济组织成员所享有的一项无偿、无期限的福利性待遇，是农民不可剥夺的既得利益。在农村社会保障缺失的现状条件下，宅基地作为农民免费享用的一项福利待遇，在一定程度上承担着农民住房保障和养老保障的功能。随着农村宅基地的退出，结果必然出现大量失宅农民，而失宅农民由于失去了农业生产的固定住所，其承包的土地也就失去了意义，导致失宅农民进一步转化为失地农民。对于因为宅基地退出而间接失去耕地的农民而言，由于普遍缺乏文化和其他技能，就业成为了一大难题。同时在农村社会保障体制还不健全的情况下，农民失去宅基地住进了城镇小区，却没有纳入城镇社会保障体系，从而造成失去宅基地的农民成为了既有别于农民又不同于市民的边缘群体，处于社会保障的“真空”地带，农民自身长久的生存问题会变得比较严重。此外，农民宅基地退出后从独家小院搬到高层公寓，这种表面形式上的改变能在较短的时间内适应，最大的改变是价值体系和生活观念的改变。物质的改变好适应，心理的改变则不容易。生活在一个全新的环境中，原村民会由于不适应产生一系列的心理问题：焦虑不安、心情烦躁、没有心理安全感等。

本章小结

本章从理论上分析了农村宅基地退出对农民土地权益的影响。

第一节是农村宅基地退出的概述，介绍了农村宅基地退出的背景、退出的主要模式，总结现有模式的共同特征及其存在的问题。

第二节通过对我国农村宅基地制度、城乡增减挂钩政策、农民宅基地功能所蕴含的农民权益的解读和分析，对宅基地退出农民土地权益内涵进行了清晰的界定。

第三节结合案例分析和土地权益内涵的界定，简要分析了农村宅基地退出对农民土地经济权益、政治权益和社会权益的影响，为后文的实证研究奠定了基础。

第四章　农村宅基地退出中农民权益问题的实证分析

农村宅基地退出是各级地方政府在实施“城乡建设用地增减挂钩”下的不可逆转的大趋势，宅基地退出涉及土地产权的变化，在土地产权变化过程中，势必涉及不同的利益主体，农民的各种权益必然发生改变。当然，在退出过程中，农民的部分权益也可能向好的方向变化，也可能会变得更差。本章以重庆市九龙坡区为例，对挂钩试点地区已经“上楼”居住的农民的权益现状进行定量研究，探索农村宅基地退出过程中农民经济权益、社会权益、政治权益等方面的变化情况。

第一节　农民权益的测度方法选择

如何选取权益测度的方法。目前，学术界对于农民土地权益测度主要从三方面进行评价：一是田野调查法，通过对失地农民的生活状况、补偿安置等评判的标准进行主观评价。二是计量分析法，通过构建经济学模型偏重对农民经济权益受损进行测度。如曲福田等（2010）通过构建土地增值收益空间解析模型定量测算土地征用过程中农民土地权益受损度。高洁（2012）利用土地流转中耕地面积和土地出让金这两个指标来实证分析湖北省农民权益的受损情况。三是通过对农民较抽象的主观满意度进行评价，集中从福利、幸福感、满意度等主观方面研究农民权益变化。如高进云等（2010）基于可行能力理论，采用模糊评判法测度农民农地流转前后的福利，得出征地后农民福利水平均下降的结论。张丽（2011）通过构建经济状况、保障状况、居住状况、社区状况、环境状况、心理状况六大类别指标体系对农地城市流转中农民权益保护问题进行了实证研究。从现有的研究可以看出，农民权益的测度多为一些主观评价指标，宅基地退出中，农民土地权益涉及农民的经济变化、居住变化、社会保障、参与程度等多方面的权益内容，仅有的计量研究仅局限于农民经济权益的测度，无法准确、全面反映农民土地权益的内涵。

宅基地退出中，农民权益涉及农民的经济收入、利益维护、居住安顿、社会保障、参与程度等，涉及的权益内容较多，其权益的衡量多是一些主观评价指标，因此无法运用经典数学方法加以描述和解决。Zedeh（1965）提出了模糊数学，成为很多模糊问题量化测度的有力工具。模糊评价法是一种运用数学方法研究和处理具有“模糊性”现象的技术，它以模糊集合论为理论基础，引入隶属度——隶属函数这一概念，应用模糊数学进行运算，从多个因素对被评定事物隶属等级状况进行综合性评定。由于权益本身具有模糊性，而衡量权益也往往需要选取具有模糊性的主观评价指标，模糊数学是测度权益的首选方法。因此，本章尝试选择模糊数学评价方法来测度权益（如图 4-1 所示）。

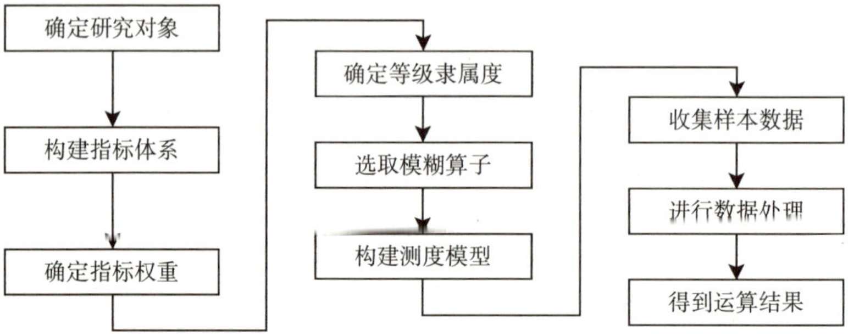

图 4-1　模糊计算过程

一、基于 Amartya Sen 的可行能力权益评价指标体系构建

著名诺贝尔经济学奖获得者 Amartya Sen（1980）在撰写的论文 *Equality of What?* 中首次提出了可行能力的概念。森的可行能力方法被很多学者采用以对农民福利进行评价。能力则反映了一个人可以获得福利的真正机会和选择的自由，是各种可能的功能性活动向量的集合。实际上森（Sen）强调的是，影响个人福利、生活水平的不是商品本身，而是商品能够为人们带来什么，以及人们能够利用这些物品做些什么。Sen（2002）在《以自由看待发展》中在对“可行能力集”（实质自由）的研究中提出了最重要的五种工具性自由：①政治自由；②经济条件；③社会机会；④透明性担保；⑤防护性保障。其中，政治自由广义上是指公民的权利，指的是人们所拥有的确定应该由谁执政并且按照何种原则执政的机会，同时也包括对当局政府的监督和批评，拥有言论出版的自由，政治表达不被审查，能够自由地选择不同政党等的可能性。这些自由包括人们在民主政体下拥有广义的政治权益，甚至包括诸如政治对话等，保持不同的意见和批评当局的机会，享有投票权，以及参与选择立法者、行政人员的权利。经济条件是指人们享有的将其经济资源用于生产、消费或交换的机会，一个人所具有的经济权益取决于他所拥有的或可运用的资源和交换条件。社会机会指在社会教育、医疗保健及其他方面所实行的社会政策，即人们参与各项社会活动或获取社会资源的机会，它影响个人享受更好生活的实质自由。透明性担保指人们在社会交往中所需要的信用，主要用于满足人们对公开性的需要，即在保证信息公开和明晰的条件下自由交易，它取决于交往过程的公开性、对信息发布及时性和信息准确性的保证。防护性保障主要指为因自己不能控制的原因（残疾、年老、疾病以及经济与社会不幸等）而陷入困境的人提供帮助的社会安全网，如社会保障政策等。以 Sen 提出的五种工具性自由为基础来分析农民的权益具有一定的合理性。这五种工具性自由各自促进人的一般可行

能力，帮助人们按自己的意愿过有价值的生活，它们之间相互补充，相互强化。

Sen 的五种工具性自由理论实质上涵盖了农民的经济权益、政治权益、社会权益。因此，以 Sen 的可行能力方法为基础来分析农民的权益具有其合理性。本书尝试以 Sen 的可行能力理论为基础，构建退地农民功能指标体系，通过模糊评价方法对农民权益变化进行衡量评价。以下详细考察组成农民权益的指标体系。

（一）家庭经济状况

家庭经济收入是土地权益的重要方面，同时也是反映农民福利的一个重要途径。宅基地退出后农民居住空间发生了变化，多层楼房替代了带有院落的农房，会对农户的生产、生活和就业产生影响，农户对其家庭收入的变化感受更为敏感。反映农民家庭经济状况的指标通常用农业收入、非农收入、日常生活消费支出、住房成本来衡量。宅基地退出以前，大部分农民生活在乡村，粮食、蔬菜、肉类等在一定程度上可以做到自给自足；而退出以后，农民离开土地进入城镇生活后食品支出、住房日常支出可能增加。

（二）居住状况

在宅基地退出过程中，农民所拥有的住房条件变化最为明显。住房最基本的功能就是抵御外界恶劣的环境条件和维护人身安全，是人类赖以生存的物质基础。随着社会的发展，农民已不再满足最基本的生存和生活条件的需求，越来越看重住房的视觉感受和舒适程度。反映这一指标变化的变量采用人均居住面积、住房结构、住房质量。这三个指标的变化能较好地反映农民土地权益的变化。

（三）保障状况

长期以来，土地都是农民的“命根子”，农民对土地具有强烈的依赖之情。这就是源于农村承包地和宅基地实现了农民“耕者有其田，居者有其屋”的生存保障。在一般情况下，农村的承包地承担农民的基本生活保障如养老、医疗、失业等，而宅基地是农户基本生活保障的载体。在我国农村的社会保障机制不完善的情况下，承包地和宅基地承担着巨大的社会保障功能。农民退出宅基地后实现社区化居住方式，改变了农民院落式的居住方式，在农民传统的农业生产经营模式并没有随之改变的情况下，为集中居住下的农民的农业生产带来不便，宅基地承担的保障功能就会相应发生改变。反映保障状况变化的情况本书选取耕作面积的变化、就业机会、社会保险的提供情况来体现。

承包地是农户从事农业劳动最主要的生产要素，是农民生产和生活最重要的物质基础，也承担着农民最后一道生存保障的作用。但农村宅基地为农业生产服务的功能，是农户基本生活保障的载体。宅基地退出集中“上楼”后农民可能因为耕作条件的变化导致承包地耕作面积减少从而影响农民的基本生存保障。本书采用家庭承包地耕种面积的变化来衡量。

宅基地退出后，更多的农村劳动力流进非农业就业市场，家庭的经济收入来源主要依靠农民在非农领域的就业，因此一个地区的劳动力就业机会的多少直接影响着农民的收入来源，因而对农民具有重要的社会保障作用。宅基地退出可能会带来就业机会的改变。过去的经济发展实践告诉我们，一个地区工业化、城镇化的快速发展是以大量土地资源的消耗为代价的，城镇建设用地所需供给指标不足会影响一个地区经济的发展，通过宅基地退出整理后节余的建设用地指标通常用于商业建设或农业产业化发展，从而导致就业机会的增加。此外，实践中，政府对退出宅基地的农民而安置小区的规划一般都靠近集镇，基础设施便利，有利于人们出行，从而增加农民外出就业的机会。因此就业状况通过影响经济收入而对农民具有一定程度的社会保障功能。

社会保险的提供情况指政府为了保障农民退地后的生活状况不下降，通过制定优惠的社会保障政策鼓励农户参与宅基地退出。在重庆模式、天津模式等试点区都为退地农民提供了相应的社会保障。政府是否提供了新的社会保险（除农民参加的合作医疗、新农保外）反映了宅基地退出前后农户社会保障水平的变化情况。

（四）社区状况

社区状况主要是指对农户可行能力的形成和使用具有重要作用的社区环境条件，如医疗、卫生、教育机会等有利于扩展个人自由、影响个人享受更好生活的能力的社会安排。一方面，宅基地退出后实现农民集中居住，原先清新优美的田园风光被城市社区代替，原先独家独院的小环境也转变为社区公共环境，在基础设施、治安状况、卫生展开等方面发生变化；另一方面，农民集中居住后，其接受的医疗、文化、教育等公共服务也发生了变化，我们把这些内容也纳入社区状况这一指标，以便更加全面地反映农民生活环境的前后变化。反映这一指标的变量选用治安状况、卫生状况、交通出行情况、教育设施、医疗设施 5 个指标。

（五）心理状况

除了经济权益和社会保障权益以外，农民的政治权益也是农民权益的重要内容。森（Sen）的可行性理论强调以人为本，公民能否得到社会尊重、是否拥有平等的政治参与机会、能否享受民主的权利。在农村宅基地退出的过程中，农户参与的程度，是农民当家做主、农民自身价值、农民民主权利的体现，是政府关心、尊重农民的体现，农民因此感到满足。农户参与度就是社会对农户的尊重或者认可度。宅基地是农民的生存之本，寄托着农民的安全需求和情感，农民对其有强烈的依赖心理。宅基地退出必然影响农户的家庭生活方式、居住情况等，农村宅基地退出只有给农民合理的补偿和相应的保障，农民的保障心理才会提高，农户才能对集中居住更有信心。农村宅基地退出的效果最终会反映在农民的身上，只有得到农民的认可才能给农民带来合理的利益。农民的认可可通过主观满意度进行评价。因此，选取农户对经济满意度、生活质量满意度的感受来衡量农民心理状况的变化，如图 4–2 所示。

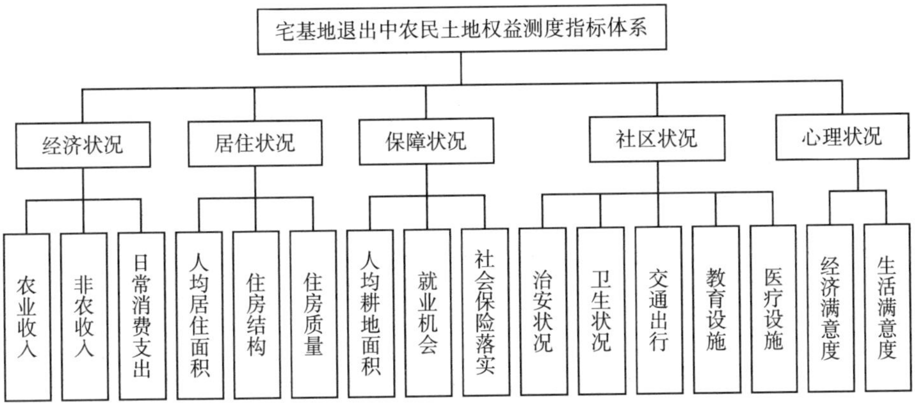

图 4–2　农民权益测度指标体系

二、权益的模糊数学表达

借鉴各学者运用模糊数学对权益进行实证测度的具体做法，个体的权益模糊函数可以这样表述：将农民的权益模糊指标集设定为 X，设宅基地退出中可能变化的权益内容为 R，第 n 个农户的权益函数表示为：

$Rn = \{x, \mu_R(x)\}$

式中，$\mu_R(x)$ 表示 x 对 R 的隶属度，取值为 0~1，当隶属度等于 1 时，认为权益处于最好的保护，隶属度为 0 时，认为权益最差。总之，隶属度值越接近于 1，表示权益状况越好，越接近于 0 表示权益状况越差。

1. 隶属函数设定

应用模糊数学综合分析方法，需要建立隶属函数。隶属函数的选择依赖于研究对象和所选指标类型。根据指表的属性，Miceli（1998）将其分为虚拟二分变量、连续变量和虚拟定性变量三种类型。

当指标变量为虚拟二分变量时，令其取值为 1 和 0，隶属函数为：

$$\mu(\chi_{ij}) = \begin{cases} 0 & \chi_{ij} = 0 \\ 1 & \chi_{ij} = 1 \end{cases} \tag{4-1}$$

式中，χ_{ij} 表示衡量权益的第 i 个功能的第 j 个指标，个人拥有该指标所指的商品时，隶属度为 1，否则，隶属度为 0。

虚拟定性变量，只能根据该变量的属性（状态、水平）因素进行量化。例如：农户对某项权益进行满意度评价时，可以设置非常满意、比较满意、不太满意、不满意等若干状态，这类变量的隶属函数为：

$$\mu(\chi_{ij})=\begin{cases}0 & \chi_{ij}\leqslant\chi_{ij}^{min}\\ \dfrac{\chi_{ij}-\chi_{ij}^{min}}{\chi_{ij}^{max}-\chi_{ij}^{min}} & \chi_{ij}^{min}<\chi_{ij}<\chi_{ij}^{max}\\ 1 & \chi_{ij}\geqslant\chi_{ij}^{max}\end{cases} \tag{4-2}$$

式中，χ_{ij} 表示衡量权益的第 i 个功能的第 j 个指标，χ_{ij}^{min}、χ_{ij}^{max} 表示该指标的最小值和最大值，这些值等距分布，值越大表示状况越好。

对于连续变量，Crioli 和 Zani（1990）将其隶属函数定义为：

$$\mu(\chi_{ij})=\begin{cases}0 & 0\leqslant\chi_{ij}\leqslant\chi_{ij}^{min}\\ \dfrac{\chi_{ij}-\chi_{ij}^{min}}{\chi_{ij}^{max}-\chi_{ij}^{min}} & \chi_{ij}^{min}\leqslant\chi_{ij}\leqslant\chi_{ij}^{max}\\ 1 & \chi_{ij}\geqslant\chi_{ij}^{max}\end{cases} \tag{4-3}$$

$$\mu(\chi_{ij})=\begin{cases}0 & 0\leqslant\chi_{ij}\leqslant\chi_{ij}^{min}\\ \dfrac{\chi_{ij}^{max}-\chi_{ij}}{\chi_{ij}^{max}-\chi_{ij}^{min}} & \chi_{ij}^{min}\leqslant\chi_{ij}\leqslant\chi_{ij}^{max}\\ 1 & \chi_{ij}\geqslant\chi_{ij}^{max}\end{cases} \tag{4-4}$$

式中，χ_{ij} 表示衡量福利的第 i 个功能的第 j 个指标，χ_{ij}^{min}、χ_{ij}^{max} 分别表示农户的第 i 个功能子集中第 j 个指标值的最小值和最大值。式（4-2）和式（4-3）都表示隶属度值与评价值呈线性关系，即评价值越大越好或评价值越小越好，$\mu(\chi_{ij})$ 数值越大表示权益状况越好。不同的是：式（4-2）呈正线性相关变换，而式（4-3）与之相反。

2. 指标加总

在得到初级指标隶属度的基础上，需要进一步将隶属度加总成一个综合指标，这涉及指标的权重问题，权重主要表示各初级影响指标在次级影响指标中的权属重要程度。赋权重的方法很多，一种是主观赋权法（如专家的主观打分法）；另一种就是客观赋值法，常见的有和法、根法、幂法等。张丽（2011）分析农户权益时采用的权重函数为：

$$f = \chi^{-0.5} \tag{4-5}$$

该权重函数的特点为：随着指标值的增加，权重值边际递减，随着指标值的减小，权重值边际递增，指标值单调变化时，权益指数也随之单调变化。本书将借鉴该权重函数。获得初级指标隶属度和权重后，需要对组成功能的各指标进行加总，指标数据的加总采用以下公式：

$$b_i = g(x_{i\cdot}) = \frac{\sum_{j=1}^{J_i} (\overline{\mu(\chi_{ij})}) \cdot w_{ij}}{\sum_{j=1}^{J_i} w_{ij}} \tag{4-6}$$

式中，b_i 为功能向量，$g(x_{i\cdot})$ 为功能函数，权重 $= w_{ij} = \overline{\mu(\chi_{ij})}^{(-0.5)}$

将各功能向量进行汇总，就得到权益指数，则农户总体权益隶属度为：

$$R = \frac{\sum_{i=1}^{i} (\mu(\chi_{i\cdot}) \cdot w_{i\cdot})}{\sum_{i=1}^{i} w_{i\cdot}} \tag{4-7}$$

式中，$w_{i\cdot}$ 为各功能活动的权重，$w_{i\cdot} = \mu(\chi_{i\cdot})^{(-0.5)}$。功能是农户权益的组成要素，由于农户权益的获取具有一致性和同质性，故选择农户各功能的总体权重进行计算，本书运用模糊数学评价法对农民权益进行测度，具体步骤为：根据各个指标属性分别采用式（4–2）、式（4–3）、式（4–4）和式（4–5）计算退出前后各个农户各个指标值的隶属度，进而获得宅基地退出前后各指标的隶属度和权重，在此基础上，根据式（4–6）将各指标汇总，计算宅基地退出前后各功能的隶属度，再根据式（4-7）汇总各功能的隶属度，分别得出宅基地退出前后的农民权益指数。

第二节 农民权益测度的实证研究
——以重庆九龙坡区为例

一、样本基本概况

（一）样本选取

选择样本时，主要有三点考虑：其一，样本点所在的地区在全国要具有代表性，社会、经济发展位于全国平均水平；其二，该地区近年来发生了大量农村宅基地退出行为；其三，该地区是城乡建设用地增减挂钩试点。本书选取重庆市为研究区域。

重庆市作为中西部地区唯一的直辖市，是一个典型的集大城市、大农村、大库区、大山区和民族地区于一体的直辖市。自成为直辖市以来，重庆城镇化水平迅速提高。1997 年城镇化率为 28%，2012 年达到了 56.98%。2012 年国民生产总值达到 11459 亿元。城镇居民家庭人均可支配收入 22968 元，农村居民家庭人均纯收入 7383 元。在城镇化快速发展的过程中，城乡发展差距较大，城乡二元结构十分突出。2007 年，重庆成为全国首批统筹城乡综合配套改革试验区。国务院专门制定《关于推进重庆市统筹城乡改革和发展的若干意见》（国发〔2009〕3 号）文件，明确肯定和授权开展土地交易的实验。在国家政策的支持下，2008 年 3 月，由重庆市政府出资 5000 万元成立的“中国首家农村土地交易市场”——重庆农村土地交易所正式挂牌成立。同年 12 月，重庆政府出台了《重庆农村土地交易所管理暂行办法》（以下简称《办法》）对交易的内容、方式、交易管理和收益分配等做出了规定，这标志着重庆“地票”交易制度的正式形成。为了加快农村土地制度改革，2007 年 7 月，全市启动了以户籍制度改革推动全市的“地票”交易。重庆市政府发布了《重庆市人民政府关于统筹城乡户籍制度改革的意见》（渝府发〔2010〕78 号）、《重庆市统筹城乡户籍制度改革社会保障实施办法（试行）》（渝办发〔2010〕202 号）、《重庆市户籍制度改革农村土地退出与利用办法（试行）》（渝办发〔2010〕203 号）等一系列配套改革措施。其中渝办发〔2010〕203 号文对户籍制度改革过程中的农村土地退出与管理利用做出了规定。截至目前，共陆续出台了土地处置利用文件 17 个。以农村土地交易所为平台的“地票”交易制度推进了重庆城乡统一土地市场的构建。

（二）调查区域概况

九龙坡区是重庆市主城九区之一，位于重庆西部新城的核心板块，是重庆统筹城乡综合配套改革先行示范区和科学发展开放型经济示范区。全区土地面积 432 平方千米，辖 7 个街道，11 个镇，常住人口 98 万，其中农村人口 22 万。横贯南北的中梁山脉将全区分为“东城西乡”两大部分：东部地区约 82 平方千米，已基本实现城市化；中梁山以西的 9 个镇（金凤、含谷、白市驿、西彭、陶家镇、铜罐驿镇、走马、石板、巴福）总面积约 300 平方千米，在新一轮土地利用规划（2006~2020）中划拨了约 100 平方千米城镇建设用地，也就是说，至 2020 年九龙坡区中梁山以西还有约 200 平方千米的农地，在这 200 平方千米范围内还有农村居民点用地。2011 年，全区生产总值达 690.5 亿元，人均 GDP 达 9960 元，地方财政收入达 60.2 亿元。

自 2007 年九龙坡区作为重庆市首个统筹城乡综合配套改革先行示范区，针对统筹城乡过程中的焦点和难点在于土地问题，对农村探索出了以“社会保障换承包地、住房换宅基地”的双置换模式和“城乡建设用地增减挂钩政策”下的农村宅基地整理模式。为此迅速制定了《城乡统筹发展户籍制度改革试行办法》《农村土地承包经营权流转管理试行办法》等12个配套制度。根据九龙坡区政府的规划，计划用全区20%左右的宅基地集中兴建农民公寓，鼓励群众向小城镇和中心村集聚，腾出的80%左右的宅基地指标置换为城市建设用地指标，用这80%的宅基地置换指标的土地出让金的收益来补贴农民购房，用于开发改造的基础设施建设和村民的生产生活保障，最大限度地让利于民、还利于村。

本章选取九龙坡区两个增减挂钩试点镇中的西彭镇作为样本农户的调查点。西彭镇是九龙坡区最早实施城乡建设用地挂钩的试点镇，是国土资源部批准的试点镇，项目的实施和完成都较好，涉及退出宅基地的农民规模较大。截至2012年底，完成10个“新民居点”的建设，已经“居住”上楼的居民点涉及马鞍村、三府村、新民村、真武宫村、千秋村。

西彭镇位于重庆市一小时经济圈内的九龙坡区，是九龙坡区西部最大的镇，镇域面积80余平方千米，辖24个行政村、3个居委会，总人口11.5万人，其中城镇面积6.6平方千米，城区人口约6.5万。是重庆市重点发展的小城镇，镇级经济实力较强，也是全国最大的西南铝加工厂所在地。2007年，重庆市批准九龙坡区作为城乡统筹综合配套改革先行示范区后，重庆市国土房管局将九龙坡区西彭镇纳入重庆市城乡建设用地增减挂钩首批试点项目，并于2008年获得国土资源部批准，在国土资源部批准的试点方案基础上，西彭镇以实施城乡建设用地增减挂钩的方式开展了农村居民点整理，通过规划的实施，将农民集中安置，建设基础设施完善、功能齐全、布局合理、环境优美的农民新村，既节约了土地，又改善了居住条件和生活环境，加快了缩小城乡差别的步伐。

西彭镇将全镇城镇建设用地规划区范围以外区域规划为项目拆迁复垦区，按照“先易后难”的原则分3年逐步实施，从2008年11月启动，计划到2011年12月完成，历时3年。项目拆迁复垦区涉及18个村、236个社，总面积4429公顷，其中建设用地面积528.31公顷。将对3667户、14000人的农村旧房进行拆除，拆除农房总面积 49 万平方米，拆除范围内户均建设用地面积 570 平方米，人均建设用地为 161 平方米、拆除区复垦农村建设用地 209.13 公顷。预计可新增耕地面积 177.73 公顷。本项目安排农民集中安置用地 21.67 公顷，预留公共（公益）用地 30.6 公顷，节余的 156.86 公顷建设用地指标主要用于农村产业发展及城镇建设用地。

为了有序推进城乡建设用地增减挂钩项目的实施和保证农民的利益，西彭镇在安居点建设中充分考虑了农民的需求。具体做法为：

（1）安居点的设置，18 个村平均每个村规划 1~3 个安居点。

（2）安置区面积的规定：其人均综合用地控制在 35 平方米以内，建筑面积控制在 55 平方米以内。

（3）安置房户型设计：考虑不同家庭的经济状况和人口结构以及农户生产生活需要，规划设计了三种户型并且将多层楼房的底楼设计为放置农具和生产资料的工具房，每个安置点均预留教育、卫生和养殖等配套设施用地。在农民安居点建设中，统一配套水、电、气、视、信、路等设施。

（4）安置房的获取。农民以支付建筑成本价（按建筑面积为 300~500 元/平方米）获得一套设施配套、功能完整的安置房。

（5）实施方案。按照先拆后建的模式，将拆除的农村院落、荒草地和田坎等进行综合整理设计，并全部复垦为耕地，同时启动农民安置区建设。对于同意参与拆旧建新的农户，在拆除农民旧房时，逐户进行堪丈调查，并签订拆旧建新补贴协议，并主要根据房屋结构进行补偿。对于退出宅基地居民的安置由政府出资采取统一建设、集中安置到规划的安居点的方式。

（三）数据采集

为了研究城乡建设用地增减挂钩背景下农村宅基地退出中农民土地权益的变化，所调查的对象已经实现“上楼”居住的农民。在 2013 年 5~6 月对九龙坡区试点镇的五个村的居民安置点的“上楼”农民进行了入户调查。本次调查问卷涉及的主要内容分为七个部分，第一部分为关于农户及家庭基本情况的调查，主要是性别、年龄、受教育程度、家庭人口规模。第二部分为农民土地资源禀赋在退出前后的变化。第三部分为农民在宅基地退出过程中参与情况的调查。第四部分为农民在宅基地退出前后生活状况的变化。第五部分为农民在宅基地退出前后保障状况变化。第六部分为农民在宅基地退出后就业状况的变化。第七部分为农民在宅基地退出前后社会居住环境的变化以及心理状况的调查。本次调查共发放问卷 330 份，收回问卷 323 份，问卷有效率为 97.8%。样本基本特征如表 4–1 所示。

表 4–1　样本基本特征描述

样本特征	分类情况	样本数（人）	样本占比（%）
性别	男	202	62.6
	女	121	37.4
年龄	20~29 岁	18	5.6
	30~39 岁	24	7.4
	40~49 岁	79	24.5
	50~59 岁	107	33.1
	60 岁及以上	95	29.4
受教育程度	小学及以下	173	53.5
	初中	128	39.8
	高中或中专	16	4.9
	大专及以上	6	1.8
家庭人口规模	2 人及以下	95	29.4
	3 人	68	21.1
	4 人	81	25.1
	5 人及以上	79	24.4
退出意愿	愿意	278	86.2
	不愿意	45	13.8

调查样本中，从性别比例分布看，女性占 37.4%，男性占 62.6%，男性作为农村家庭的主要劳动力，在农户家庭占据主导地位，因而他们的意愿可以代表家庭的意见。从调查对象年龄分布分析，平均年龄为 52.5 岁，20~29 岁占 5.6%，30~39 岁占 7.4%，40~49 岁占 24.5%，50~59 岁占 33.1%，60 岁及以上占 29.4%。由于在调查地区大部分农民工都外出务工，因此造成了样本年龄分布均值较高，主要集中在 30~60 岁的年龄段，占 65%。从受教育程度分布来看，小学及以下占 53.5%，初中占比 39.8%，高中或（中专）占 4.9%，大专及以上占 1.8%。受教育程度以初中及以下为主，受教育程度普遍偏低与样本年龄有直接关系。从家庭人口规模来看，家庭人口规模在 2 人及以下占比为 29.4%，家庭人口规模为 3 人占比为 21.1%，家庭人口规模为 4 人占比为 25.1%，家庭人口规模为 5 人及以上占比为 24.4%，样本家庭人口规模分布较均匀。从农民宅基地退出意愿看，86.2%的农户愿意退出，13.8%的农户不愿意退出。农民的退地意愿较为强烈，大多数农民愿意以“宅基地换房”。

二、农民权益保护的统计分析

（一）农民对宅基地退出补偿满意度的调查

依据九龙坡区的补偿政策，原住房退出补偿价格 180 元/平方米，安置补偿采用政府统一建房安置，农民获取安置房的价格为 300~500 元/平方米。对退出补偿标准农民满意度的调查发现，有 19.5%的农民很满意，25.2%的农民满意，55.3%的农民不满意。由于补偿不合理，78.9%的农民在退出后获取新房时需要支付较高的费用。包括农户获取新房的成本与旧房拆迁补偿的差额以及新房装修的花费。这些费用可能花光一个家庭所有的积蓄甚至导致部分农民负债，如表 4–2 所示。

表 4–2　农民住房成本

	分类区间	样本占比（%）
农民获取安置房的支出（元）	0	21.1
	1~20000（含）	24.4
	20001~40000（含）	36.6
	400000 以上	17.9
农民装修新房的费用（元）	10000 及以下	11.4
	10001~30000（含）	12.2
	30001~50000（含）	26.8
	50000 以上	49.6

（二）宅基地退出中的收支状况变化

1. 农业收入的变化

农业收入主要包括农民的农、林、牧、渔业四部分收入。农村宅基地退出后实行集中居住，伴随而来的是农民生产、生活方式的改变，这必然会影响农民的农业收入。调查中农民反映，由于集中居住使得耕作不方便被迫放弃部分承包地的经营导致农民农业收入大幅减少。表 4–3 显示了宅基地退出前后农民农业收入的变化情况。从表 4–3 中可以看出宅基地退出后农民收入显著下降。

表 4–3　宅基地退出前后农民农业收入变动

年农业收入（元）	退出前占比（%）	退出后占比（%）
0~5000	65.9	87.0
5001~10000	29.3	10.6
10001~15000	2.4	0.8
15000 以上	2.4	1.6

2. 非农业收入的变化

农民的非农收入主要来源于农民的打工收入。随着农民宅基地退出后，农民非农就业机会可能会增多，农民的务工收入可能会增加。表 4–4 反映了农民宅基地退出前后非农收入的变化。宅基地退出后，农民由于耕作不方便可能被迫外出打工使得非农收入有所提高。

表 4–4　退出前后非农业收入变动

年非农业收入（元）	退出前占比（%）	退出后占比（%）
0~5000	44.7	38.2
5001~10000	4.9	4.1
10001~15000	7.3	4.1
15001~20000	8.9	9.5
20000 以上	34.1	44.1

3. 农民月支出变化

本书所调查的农民月支出主要包括饮食支出和住房成本支出。宅基地退出前，用水、取暖、粮食、蔬菜、禽蛋和猪肉都可自给自足，而这些生活消费的自给依赖于农村传统的生产、生活条件及方式。退出后，首先，用水、用电、用气由于农民集中居住在多层楼房会明显增加。同时，农民失去家庭菜地和养殖牲畜用地，蔬菜消费、肉类消费需要完全依赖于市场从而导致农民饮食支出显著上升。调查显示，有 42.3%的农民认为生活成本明显增加，有 53.7%的农民认为生活成本稍微增加。从表 4–4 中可以看出，农民宅基地退出后，每月支出发生了明显变化，农民生活成本因宅基地退出受到了很大的影响。

农民参与宅基地退出是一个自愿的选择行为，大部分农民希望通过宅基地退出改善生活居住条件。然而通过对退地农民的实地调查发现，农民退出宅基地后经济状况明显变差，生活成本明显提高，生活质量严重下降。可见，宅基地退出已经对农民经济权益造成了损失。

表 4-5　退出前后农民月支出变动

月支出（元）	退出前占比（%）	退出后占比（%）
0~100	82.9	28.5
101~200	7.3	42.3
201~300	3.3	10.6
301~400	2.4	1.6
401~500	1.6	4.1
500 以上	2.4	13.0

4. 农民获取信息的情况

通过“您对农村宅基地退出的政策是否了解”评价农民获取信息的程度，调查发现，8.1%的农户了解比较清楚，85.4%的农户了解较少的信息，有 6.5%的农户根本不了解信息。通过“您是通过何种方式得知宅基地退出的相关政策”评价农民信息获取的方式，调查显示，8.1%的农户通过媒体即电视、报纸和广播获得，88.6%的农户通过村干部获得，还有 3.3%的农户通过亲朋好友获得。可见，村干部是农民信息获取的主要渠道。通过“政府是否对宅基地退出补偿的部分征求过农民的意见”评价农民获取信息的权利（知情权、参与权），调查显示，90%的农民认为政府对宅基地退出补偿方案进行了告知，但同时他们认为，虽然当地政府组织了关于宅基地退出的座谈，但农民的意见几乎不能被采纳，农民只能被动接受政府制定的政策。从农民信息获取情况看，大部分农民对宅基地退出的相关政策不甚了解，且作为农村宅基地退出中的重要主体，其在宅基地退出中权利仅局限于“告知”中。很显然，这样一种浅层次的“参与”并不能充分反映权利人的利益诉求，农民深度参与权的缺失带来的直接后果是农民对政府出台的补偿政策不满意等负面影响。可见，农民在农村宅基地退出中的民主权益并没有得到有效的保护。

5. 数据指标化处理

通过问卷调查所获取的数据并不能直接用于计算农户权益水平，还需要将一些非数值性的变量量化为数值型的，为下一步变量权重的计算和总权益水平的综合评价打下基础。在进行量化研究过程中，其中选取的指标变量包括连续变量、虚拟定性变量和虚拟二分变量，首先需要对问卷中涉及的16个影响指标的原始数据进行赋值。对于连续变量，要确定其最大值和最小值，具体如下：

（1）计算农业收入隶属度时，先计算亩均收益。根据调查，样本地区亩均净收益为1200元/亩。人均农业收入由样本的亩均收益乘以每个农户的土地面积再除以家庭人口总数得出。对调查数据整理计算得出，人均农业收入最大值为5000元/亩，最小值140元/亩。

（2）农民非农收入是指农民在非农领域获得的收入。根据调查地区的实际情况，九龙坡区位于主城区，经济比较发达，农民非农就业的机会较多，同时鉴于城镇居民生活水平普遍高于农村居民，因此选择该地区2012年城镇居民年人均可支配收入作为参考的人均非农业收入最大值为24772元/人，最小值设为0。其中最大值的选取参照2012年重庆九龙坡区城市居民人均可支配收入24772元/人。农民的实际非农收入越接近这个水平，其对应的权益状况越好。

（3）农民日常消费支出计算。本章仅计算农民饮食支出（主要是米、肉、蔬菜和油4类）和居住成本（水、电、燃气3项）的总支出。其最大值和最小值均根据实际调查所得。人均日常消费支出最大值为4000元/年，人均日常消费支出最小值为180元/年。

（4）人均居住面积。退地前，农村人均住房建筑面积参照建设部公布的《全面建设小康社会居住目标》的标准为40平方米/人定为最大值，最小值按调查数据得出农民住房面积最小值为7平方米/人，退出后集中居住，最大值和最小值的确定均参照建设部公布的《全面建设小康社会居住目标》，人均住房面积最大值为35平方米/人，最小值为20平方米/人。

（5）人均耕地面积。人均耕地面积最大值为调查数据整理所得，最大值为 3.6 亩/人，最小值为联合国粮农组织（FAO）规定的人均耕地面积最低水平 0.8 亩/人。

（6）其他变量为虚拟定性变量，具体赋值如表 4–6 所示。

表 4–6　实证分析指标及指标赋值说明

	观测指标	指标量化值及赋值说明	变量类型	最大值	最小值
经济状况（X1）	农业收入（x11）	农业收入（元/年）	连续变量（C）	5000	140
	非农收入（x12）	非农收入（元/年）	连续变量（C）	24772	0
	日常饮食和住房支出（x13）	两项支出总和（元/年）	连续变量（C）	4000	180
住房状况（X2）	人均住房面积（x21）	实际值	连续变量（C）	40/35	7/20
	住房结构（X22）	土木=1（赋值为 1） 砖木=2（赋值为 2） 砖混=3（赋值为 3） 钢混=4（赋值为 4）	虚拟定性变量（Q）	4	1
	住房质量（X23）	很满意（赋值为 5） 比较满意（赋值为 4） 一般满意（赋值为 3） 不满意（赋值为 2） 非常不满意（赋值为 1）	虚拟定性变量（Q）	5	1
保障状况（X3）	人均承包地面积（X31）	人均承包地面积	连续变量（C）	3.6	0.8
	就业机会（X32）	多（赋值为 3） 一般（赋值为 2） 少（赋值为 1）	虚拟定性变量（Q）	3	1
	社会保险提供情况（X33）	很满意（赋值为 5） 比较满意（赋值为 4） 一般（赋值为 3） 不满意（赋值为 2） 很不满意（赋值为 1）	虚拟定性变量（Q）	5	1
社区状况（X4）	治安状况（X41）	好（赋值为 3） 一般（赋值为 2） 不好（赋值为 1）	虚拟定性变量（Q）	3	1
	卫生状况（X42）				
	交通出行（X43）				
	教育（X44）				
	医疗（X45）				

续表

	观测指标	指标量化值及赋值说明	变量类型	最大值	最小值
心理状况（X5）	经济满意度（X51）	满意（赋值为 3） 不好不坏（赋值为 2） 不满意（赋值为 1）	虚拟定性变量（Q）	3	1
	生活满意度（X52）	满意（赋值为 3） 不好不坏（赋值为 2） 不满意（赋值为 1）	虚拟定性变量（Q）	3	1

三、农民权益测度结果

对调查数据进行标准化处理后，按照前文公式，分别计算宅基地退出农户各个指标值的隶属度、宅基地退出前后各功能的隶属度，进而得出退出后的农民权益指数。农村宅基地退出前后权益的模糊评价结果如表 4–7 所示。

表 4–7　农民宅基地退出前后权益状况的模糊评价

指标体系	变量类型	隶属度	
		退出前	退出后
经济状况（X1）	—	0.502	0.253
农业收入（X11）	C	0.529	0.181
非农收入（X12）	C	0.427	0.483
日常生活支出（X13）	C	0.798	0.412
住房状况（X2）	—	0.316	0.519
人均住房面积（X21）	C	0.367	0.335
住房结构（X22）	Q	0.260	0.748
住房质量（X23）	Q	0.386	0.506
保障状况（X3）	—	0.528	0.352
人均耕地面积（X31）	C	0.782	0.286
就业机会（X32）	Q	0.455	0.489
社会保险提供情况（X33）	Q	0.542	0.561
社区状况（X4）	—	0.306	0.518

续表

指标体系	变量类型	隶属度	
		退出前	退出后
治安状况（X41）	Q	0.407	0.548
卫生状况（X42）	Q	0.224	0.622
交通出行（X43）	Q	0.158	0.678
教育（X44）	Q	0.376	0.544
医疗（X45）	Q	0.415	0.495
心理状况（X5）	—	0.500	0.253
经济满意度（X51）	Q	0.500	0.215
生活满意度（X52）	Q	0.500	0.331
总模糊指数	—	0.416	0.348

第三节　农民权益保护现状评价

一、农民权益变化的分析

从表 4–7 可以看出，农民的权益在退出前处于 0.400~0.500 水平，接近不好不坏（0.500）的状态，农民宅基地退出后，农民的权益水平为 0.348，呈现出一定程度的下降。组成农民权益的各指标出现不同程度的变化。

（一）经济状况

宅基地退出对农民的经济状况影响最大。从计算结果看，经济状况下降趋势明显。农民宅基地退出后实现集中居住，带来了农业收入的明显下降。农民集中居住改变了传统院落式居住方式，使其与自身当前的农业生产方式基本脱节。集中居住地距离承包地较远，务农不方便，不得不放弃农田经营或放弃部分地块的耕作从而使农民的农业收入下降。调查结果显示，在宅基地退出后继续耕种承包地的农户占 39.8%，完全闲置的占比为 26%，部分耕种部分闲置的占比为 34.2%。非农收入退出前后增加了 0.076 个单位。农民非农收入增加并不明显，由于非农收入的增加有限而农业收入下降幅度加大，导致农民家庭收入迅速减少。在农民家庭收入减少的情况下，由于集中居住而带来农民生活成本的增加，农户搬入楼房居住后失去农村传统的生产生活条件及方式。农民用水、取暖、蔬菜、肉类等由自给自足性转变为了依赖市场购买，无形之中增加了农民的生活成本。可见宅基地退出后农民的经济状况迅速恶化。

（二）居住状况

在调查地区农村宅基地退出中都采用了“拆旧换新”的安置方式。其指数从退出前的 0.316 增加为退出后的 0.519。农民的居住状况变化十分明显。人均居住面积的指数从 0.367 变化到 0.335，表明农民人均居住面积有所下降。调查地区有 73.2%的退出农户住房为土木结构，退出后的安置房为钢混结构，农民住房结构和住房质量得到大幅度提升，整体居住状况明显改善。

（三）保障状况

宅基地退出后农民社会保障状况下降明显。宅基地退出使部分农民不得不放弃承包地，使农民的土地保障功能下降。与此同时，退出后政府提供的就业培训和就业机会没什么改变。调查中有 75.6%的农户认为就业机会没变化。农民的社会保障除了参加农民的社会养老保险、新农合外，政府没有提供宅基地退出后相关的社会保险。宅基地退出后农民的社会保障降低主要是因为集中居住而使农民承包地的耕作状况发生了变化，导致土地保障功能下降。这也说明土地是农民的生命之本，土地浓缩着农民的生存权、发展权、保障权，农民失去了土地就失去了最基本的生存保障。

（四）社区状况

农民退出宅基地后，集中居住在大社区，农户居住环境的治安状况、卫生状况、交通出行、教育设施、医疗设施由退出前较差水平提升为退出后较好水平。长期以来，我国大部分农村宅基地建设缺乏规划、随意建设，居住环境脏、乱、差，公共基础设施和公共服务缺乏。宅基地退出后社区建设改变了农民的居住环境。

（五）心理状况

心理功能指数变化的幅度也较大，说明宅基地退出并没有给农民带来合理的补偿。宅基地退出后，农民经济上受到损失、就业机会并没有增加，导致农民生活没有着落，新的风险和生活成本的增加，导致心理上对生活前景的彷徨、焦虑。这些因素共同作用导致农民经济满意度下降。在调查地区，有 75.6%的农户反映宅基地退出后生活成本明显增加，经济压力增大，生活紧迫感增加，进而导致对生活满意度指数也有所下降。

二、农民权益保护现状评价

从农民的经济状况、居住状况、保障状况、社区状况和心理状况 5 个方面分析了农民宅基地退出过程的权益变化。从样本的统计描述和实证测度结果可以看出，农民的经济权益、政治权益、社会保障权益都受到了不同程度的损失。

本章小结

基于农民的经济权益、社会保障权益、政治权益的视角，通过对重庆市九龙坡区“退地上楼”的 323 户农民的调查数据，借鉴 Amartya Sen 的可行性能力理论，分别从经济状况、居住状况、保障状况、社区状况和心理状况五个方面构建反映农民权益测度评价一级指标体系，在此基础上构建了 16 个二级指标体系，利用模糊数学的评价法对宅基地退出农户权益状况进行实证研究。结果显示，农民整体权益状况指数由退出前的 0.416 变为退出后的 0.348。其中，反映农民权益的经济状况指标从退出前的 0.502 下降为 0.253、居住状况指标由 0.316 上升至 0.519，保障状况指标从 0.528 下降为 0.352、社区状况指标由 0.306 上升至 0.518、心理状况指标从 0.500 下降为 0.253。实证研究和统计描述的结果表明，现阶段农民宅基地退出实现集中居住，一方面极大地改善了农民的住房条件和居住环境，另一方面伴随着农民居住环境的改变，农民的生产生活方式发生了变化，在此过程中农民的各类权益都不同程度地受损。

第五章　农村宅基地退出中农民权益受损原因分析

目前，我国农村宅基地退出依然是政府行政权力介入下的一种制度变迁，国内外学者不约而同地认为：中国土地制度变迁的内核是农民的权益，实现和保护农民权益，就是变迁的使命和宿命；从农民权益出发，服务于农民的制度变迁，才会是良性的制度变迁；只有充分重视农民意愿的农地制度变革，才会得到普遍的认可；在格外关注农民权益的基础上兼顾博弈各方，才会形成制度变迁的良性逻辑和内在机理（许筠、冯开文，2011）。从全国各地增减挂钩试点看，农村宅基地退出被置放在“新农村建设”和“统筹城乡发展”的口号下。无论是天津的“宅基地换房”、嘉兴的“两分两换”，还是重庆的“地票”交易，本质上是地方政府以宅基地整理复垦和农民集中居住的方式推动农村宅基地退出，政府再通过整理获得建设用地指标的行动。不同地区的改革措施虽有所差别，但主要体现在退出补偿水平和集中居住标准上，一些地区条件比其他地区要更优惠些而已。补偿安置政策基本上是由地方政府部门主导制定，在实践操作中都普遍缺乏公共参与和讨论，作为农村集体土地所有者的村集体和实际使用者的农民在实施过程中基本处于被动接受地方政府在退出补偿安置方式与标准、节余土地用途与收益分配的安排，农民的权益因此而受到直接的损害。在实践操作中都普遍存在农民宅基地权益受损。本书第四章对农村宅基地退出中农民权益的实证测度结果分析发现，除了退地农民居住条件和居住环境得到改善外，他们的各类权益都因宅基地退出受到损害。农民权益受损是由多方因素造成的，为了更好地保护农民土地权益，本节将通过利益层面和制度层面研究农民权益受损的原因。

第一节　不同利益主体的博弈对农民土地权益的影响

农村宅基地退出农民权益能否得到切实保护，取决于政府、村集体和农民等各经济行为主体之间的利益分配是否合理。很明显，他们之间构成一种较为显见的博弈关系，他们各自具有不同的利益目标。保护效果的好坏实质是各经济行为主体之间的利益博弈能否达到均衡的结果。

一、农村宅基地退出中的利益主体

从各地退出实践案例看，目前农村宅基地退出的地方实践都是在中央政府政策的指导下，由地方政府主导、农民参与的形式。从交易过程分析，概括为 3 个主体、3 个步骤、政府补偿。3 个主体分别是：作为宅基地供给主体的农民、作为宅基地需求主体和新增城市建设用地供给主体的各级地方政府，以及作为新增城市建设用地需求主体的城市用地者。3 个步骤分别是：首先，由农民把自己的宅基地退出，流转给地方政府，形成农民与地方政府的交易关系。其次，政府对退出的宅基地进行整理和置换，然后将节约出来的宅基地整理复垦为耕地后换取城市建设用地指标。最后，将指标换取的城市建设用地在城市土地一级市场上按照协议、划拨、招标、拍卖和挂牌的方式出让给城市用地者完成流转。政府补偿是指农民通过地方政府的各种补偿（包括房屋补偿、现金补偿、社会保障补偿等）以获取宅基地退出收益。从整个宅基地配置过程看，农村宅基地退出过程涉及前后两次利益关系博弈，第一次是拥有宅基地使用权的农民与政府之间进行的利益分配关系；第二次是政府获得建设占用耕地指标后，落地时又发生的一次农地非农化过程的农民与地方政府之间的关系问题。而本书研究的重点是前一阶段中，地方政府与宅基地拥有者之间的交易关系。

农村宅基地退出过程中主要涉及的利益主体为农民与各级地方政府。在我国，各级地方政府既是国土资源（包括集体土地）的宏观管理者，又是交易规则的制定者，是农民的代理人，掌握着更多信息和管理权力。多种职能的重叠安排使地方政府（其实质是地方政府管理者的集合）具有了政治利益最大化和经济利益最大化的双重目标，而这种目标在短期内又体现出相互促进的特质，在这种双重目标的驱动下，政府行为会不可避免地出现偏差，与民争利正是政府利益本位观的外化和表现，从而使政策制定和执行中存在政府利益本位取向。

（一）地方政府的利益目标及成本分析

地方政府既是中央政府在地方的代理人，承担着国家政策制度的执行者、监督者等身份，地方政府也是重要的制度供给之一。同时，地方政府又是相对独立的利益主体；既要维护中央政府利益，又要追求自身利益的最大化。在农村宅基地退出中，地方政府的利益取向主要有以下几个方面。

1. 政治利益

在我国，地方政府官员首要考虑的目标是政治晋升，因而获得中央政府的支持对于地方政府来说尤为重要。周黎安（2007）认为，中国地方官员之间围绕 GDP 增长而进行的政治锦标赛是理解政府激励与增长的关键线索，是中国改革开放以来经济发展自下而上模式的最主要原因。政治目标可以将关心仕途的地方政府官员置于强大的激励之下，为了获得中央政府支持，地方政府官员就要努力地实现政绩最大化。保护耕地、促进土地的集约利用是中央一直倡导的基本方针政策，随着城镇化和新农村建设的深入，通过宅基地退出在不占用耕地的情况下，通过对节约出来的土地的开发利用把农民集中到一起居住和生活，改善农户住房条件，为农户的社会保障提供补充，在强调民生的政治背景下是一种政绩。为了打造政绩，地方政府通过宅基地退出创新改善农民生活，增加财政收入，促进经济发展，从而实现政绩最大化。

在目前各地宅基地退出改革实践中，地方政府通过置换、集中等方式引导农民退出宅基地，并将农民安置到统一建设的农民公寓中，极大地改善了农民的生活条件和居住环境，曾得到中央部委的赞赏和推广。这种效果正是地方政府所期望的政治收益。

2. 获取土地指标

随着我国经济社会发展，中国人口和耕地供需矛盾日益突出。非农业用地增加，耕地逐年减少，而与此同时人口则逐年增加，于是人口和耕地供需之间的矛盾加剧。随着工业化、城镇化和农业现代化的加快推进，建设用地需求刚性上升，土地资源的刚性约束进一步显现。中国的基本国情和特定发展阶段决定了中国未来用地形势更加严峻，土地供需矛盾日益突出。与此相矛盾，在全国各地普遍存在的现象却是农村居民点中大量存在着空心村、闲散地、废弃地，农村居民点土地资源的低效率利用状况成为当前土地利用管理中的当务之急。为此，国土资源部下发《关于加强农村宅基地管理的意见》（国土资发〔2004〕234 号），提出要“引导农村村民住宅建设按规划、有计划地逐步向小城镇和中心村集中。对城市规划区内的农村村民住宅建设，应集中兴建村民住宅小区，防止在城市建设中形成新的‘城中村’，避免‘二次拆迁’。对城市规划区范围外的农村村民住宅建设，按照城镇化和集约用地的要求，鼓励集中建设农民新村”。

2006 年 3 月，国土资源部发布《关于坚持依法依规管理集约用地，支持社会主义新农村建设的通知》（国土资发〔2006〕52 号），明确提出要稳步推进城镇建设用地的增加和农村建设用地减少相挂钩试点，推进非农建设用地使用权流转试点。2006 年 4 月，山东、天津、江苏、湖北、四川 5 省市被国土部列为城乡建设用地增减挂钩第一批试点。2008 年、2009 年国土部又分别批准了 19 省加入增减挂钩试点。2008 年国土资源部下发《城乡建设用地增减挂钩试点管理办法》（国土资发〔2008〕138 号，以下简称《办法》），《办法》明确项目区内拆旧地块整理的耕地面积，大于建新占用的耕地的，可用于建设占用耕地占补平衡。挂钩周转指标专项用于控制项目区内建新地块的规模，同时作为拆旧地块整理复垦耕地面积的标准。不得作为年度新增建设用地计划指标使用。挂钩周转指标应在规定时间内用拆旧地块整理复垦的耕地面积归还，面积不得少于下达的挂钩周转指标。

在城乡建设用地增减挂钩政策的指导下，地方各级人民政府纷纷制定和完善相关配套政策和方案，通过大社区建设、拆院并院、宅基地置换等方式开展了轰轰烈烈的盘活存量建设用地的运动。毋庸置疑，各地方政府热衷于的大社区建设、拆院并院、宅基地置换等都是借助城乡建设用地增减挂钩政策引导农民退出宅基地，其直接目的是解决地方土地供需矛盾，以此获得更多的建设用地指标。事实也证明，这一各地方政府争相效仿的做法为地方争取了大量的建设用地指标，大大缓解了用地瓶颈。据《新京报》报道，“2010 年 6 月 26 日，国土部总规划师胡存智在‘中国房地产 2010 年夏季峰会’上透露，通过增减挂钩，大约有 2700 万亩的农村建设用地，将纳入城市建设用地当中”。以河北为例，2009 年需要新增用地约 21 万亩，但国家指标 17 万亩。如何填补 4 万亩的缺口，成为河北投资项目落地的难题。增减挂钩一经出台，立即成为各地破解土地瓶颈的“金钥匙”。2009 年，河北提出在全省开展农村“新民居”工程。据《河北日报》报道，截至 2012 年，河北将完成 7500 个新民居建设示范村，保守估算，将为河北增加建设用地 50 多万亩。这与 2009 年河北省获得国土资源部的城乡建设用地增减挂钩指标 1.2 万亩相比，翻了近 50 倍。在对重庆市九龙坡区西彭镇调查发现，通过“新民居”建设实现农民集中居住，可以节余建设用地指标 156.86 公顷用于城镇建设。

3. 获取经济收益

经济发展是官员升迁的重要考核内容。从政治收益来说，地方官员必须将地区的经济发展放在工作的重要位置，保障地区经济持续增长，从而为其不断晋升提供重要保障。对于地方政府及其官员而言，经济收益主要有三类：一是政府官员个人合法的经济收入，如工资收入、各项补贴等；二是政府的经济收益，如财政收入；三是非法收入，即通过寻租的方式取得的非法收入。目前，由于长期的宅基地无偿、无限期、无流动的特性，农村大量的宅基地低效、闲置，在国家相关政策的支持下，地方政府引导农村宅基地退出的目的是通过完善和健全制度的激励约束以及资源配置的机制，通过经济等方面的激励使农民将闲置的和低效利用的宅基地置换出来，提高宅基地资源的利用效率。而政府通过对退出的宅基地整理复垦，以获取可以转移的指标。当政府拿到宅基地复垦换取的这部分建设用地指标或建设占用耕地的发展权利后，便可将其放入流通领域，在城镇周边政府再通过招拍挂的方式出让给土地使用者，最终实现宅基地价值的增值过程。地方政府由于掌握或控制着农村建设用地征收拆迁的权力和作为土地变性后本地土地唯一的供应者及垄断地位，即从农民手中获得宅基地又可通过征用从城镇农民手中获得城镇发展用地，获得土地指标以及土地财政成为政府承担整个过程的动力。

地方政府这些目标的实现都要求从农村宅基地退出中获得更多的建设用地指标以及指标收益，以便获得更多的经济利益和政治利益，更好地实现自己的目标。因此，地方政府在行为方式上总是想方设法从有利于自己的动机出发，作为经济主体与制度安排提供者双重身份的地方政府，利用手中掌握的各种行政权力和经济资源占领了博弈的主动权：首先在制定宅基地退出政策时会偏向于以低价得地为自身谋求利益最大化；其次选择干预的手段不断推进农村宅基地退出的范围。农村宅基地退出越多意味着可能获取的建设用地指标越多，地方政府获取的土地收益越多。这样就会导致更多的农民失去宅基地，并遭受土地权益流失。

地方政府在推动农村宅基地退出中能获得巨大的利益，但同时也需要付出相应的成本。地方政府的显性成本由两部分构成：一是保护农民权益所支付的成本，如给农地所有者的各项补偿和安置，以及征地谈判成本、信访接待成本等；二是不保护农民权益可能受到的处罚，即法律规避成本。地方政府的隐性成本主要是指保护不利而导致的政府公信力下降、支持率减少等心理成本。隐性收益表现为保护所带来的政治安全和地方政绩；显性收益包括中央的奖励及政策的倾斜等。

通过对政府的收益—成本分析，政府是否最大限度地保护农民的权益的行为取决于政府是否受到监管和约束。

（二）农民的利益目标与成本分析

诺贝尔经济学奖获得者舒尔茨在《改造传统农民》一书中提出了“农民是经济人”的论断。按照经济学中关于“经济人”的假设。人都是利己的，其行为动机是自身经济利益最大化。对于农民而言，土地是其赖以生存的生活、生产要素，土地成为了世世代代农民的“命根子”，集中体现了农民的土地权益。农民作为宅基地的使用者，他们享有宅基地使用权。宅基地使用权作为一种福利保障形式无偿提供给农民。也正是基于此种特殊性，使农村宅基地使用权成为农民的一项重要的财产权。农民是农村宅基地的所有者、土地的占有者和使用者，是农村宅基地退出的最直接参与者和最核心的主体，作为理性经济人，他的目标是获得土地收益最大化。其具体表现为：一是退地补偿费用。要想使其参与宅基地退出，最基本的利益诉求关注其所有的房屋和使用的土地都能得到合理的补偿。二是土地发展权转移带来的增值收益。三是政府或企业提供的就业机会和最低保障。农民宅基地退出后，直接影响他们居住方式和生产方式发生转换后的居住习惯和生计来源。农民利益主体在社会公共利益上的诉求既表现为对退出过程中社会公平度的关注，也表现在农民普遍希望农村基础设施条件能够得到改善、政府能够加大农村社会保险、医疗保险及公益事业投入等愿望上。当然农民在退地中也要付出相应的成本：一是农业收入的减少；二是生活、住房保障的丧失和失业风险；三是乡土情结。从理论上分析，作为理性的农民，是否退地的经济行为取决于收益是否大于成本。当然，农民的利益诉求也不仅仅是一种经济行为，而且还会受其自身情况，如年龄、受教育程度、经济条件、文化习俗背景等方面的影响，这同时也使得其利益诉求的内容繁杂多样。在一定程度上，由于利益现实性与思想局限性的共同作用，农民主体利益诉求的合理性与不合理性往往同时存在。但农民由于受到自身条件的限制，在宅基地退出中往往处于被动地位，没有决策权，也没有谈判权，其土地权益往往被忽视。除了在少数极端情况下会阻挠施工或上访，更多的则是不满和无奈。

二、地方政府和农民的利益博弈行为

从上述分析可知，农村宅基地退出其实是农民与地方政府之间的交易。在我国现行体制下，地方政府是一个经济人、政治人、道德人的集合体，地方官员具有自己的经济利益和政治利益。政府总希望能快速大量、低价、顺利地让农民退出自己的宅基地。通过宅基地的整理复垦获得到建设用地指标，既可保证耕地数量不减少，又能推动城市化进程，带动地方 GDP 的增长，还能为政府带来预算外的土地出让金和预算内的税收增长。同时，地方通过合理规划，建成漂亮、整洁的现代化农民集中小城镇、中心社区、中心村等改善农户住房条件，在强调民生的政治背景下是一种政绩，进而可能获得升迁等潜在收益。直接的经济收益与政治收益是促进地方政府主导制度变迁的动机，其所付出的可能成本主要集中在对农民的补偿（货币补偿、实物补偿及相关的社会保障补偿）、村民不合作行为中产生的可能对地方政府造成的各种风险（来自更高一级政府的查处等更大威胁）以及退出过程中的其他开支成本。

宅基地的退出关系到农民切身利益，关系到农民生存保障等方面的问题。作为一个理性经济人，往往会追求自身利益的最大化，农民在宅基地退出中的收益在于获得更好的社会保障、更好的居住条件、更高的非农收入及更多的退地补偿等系列综合收益最大化。而付出的成本则包括：①住房及附属设施的直接损失；②宅基地退出后的住房保障问题；③居住形态改变后就业生存发展问题；④农民在抵制行动中可能付出的成本。

在政府和农民的宅基地退出交易中，双方都力求实现自己效用函数的最大值，同时还考虑到采取行动的成本或对自身既得利益的“损失”。为了简化运用模型分析，我们必须对模型的建立首先提出以下假设条件。

假设 1：交易的主体只有地方政府和农民，两者都是理性经济人，他们都有各自的利益最大化目标，即存在相关的利益冲突。

假设 2：信息不对称。地方政府在退地补偿标准、安置保障等方面具有优势，而对农民的抵制手段、抵制的强烈程度、能力及意志力等方面处于信息劣势。

假设 3：一旦农民抵制成功，地方政府将受到上级政府的惩罚。上级政府对本级政府具有威慑力。

在上述假设条件下，在地方政府推动农村宅基地退出过程中，地方政府和农户之间存在着以下策略博弈：当地方政府决定推动宅基地退出时，农民面临的两个选择分别为合作或抵制，策略空间为｛合作，抵制｝。合作意味着农民接受政府各项条件，抵制村民会采取相关行为保护自己的利益。地方政府策略空间为｛打击，不打击｝，地方政府不打击，就意味着在法律规定的范围内尽其所能地满足农户需求，但这样做会导致自身利益减少。地方政府打击，就是对农户采用最低补偿标准，地方政府甚至利用特权强制性要求农民退出宅基地。因此，我们可以建立如表 5-1 所示的政府与农民的策略矩阵。

表 5–1　政府与农民的策略矩阵

农民＼政府	打击 q	不打击 1 – q
合作	$B - B_0$，$A - B$	$B - B_0$，$A - B$
抵制	$B + b_1 - B_0 - C$，$A - B - F$	$B - B_0 + b_1$，$A - B - b_1$

表中，A 表示地方政府在宅基地退出中得到的收益；B 表示农民在宅基地退出中得到的补偿；B_0 表示农民宅基地退出的成本；C 表示农民的抵制成本；F 表示政府打击农民付出的成本；b 表示政府打击下预期的额外收益；b_1 表示农民选择抵制行为下的额外收益；b_2 表示在地方政府打击下农民预期的土地收益损失。根据假设，显然 $F > C$。

在地方政府与农民的博弈模型中，首先由地方政府做出决策，然后农民依据地方政府的决策做出行为反应。该模型属于完全信息动态博弈，即博弈双方对于博弈的进程以及彼此的得益情况都非常清楚。通过表 5–1，对模型做一个简单的分析。

策略组合 1：因为面临着政府强权，农民的力量总是薄弱的，认为自己没能力改变政府的行为，宅地基总会被退出，若村民认可政策，则会采取合作态度。在此情况下，政府村民将会获得置换补偿 B，宅基地退出成本为 C，地方政府得益为 A，双方收益是确定的。要达到第一种策略，双方不需要支付额外成本，就能实现整体效益的最大化，但必须满足如下条件：地方政府解决农民失地后带来的各种问题，化解农民失地带来的各种风险，提供农民基本的就业保障和基本的生活保障。也就是说，农民的退地收益大于退地成本，农民才会采取合作的行为。一般情况下，在理性经济人的假设下，策略 1 一般不会存在。

策略组合 2：当地方政府的政策有损农民自身利益时，农民就会采取不合作行为，如上访或其他极端行为等。在此种情况下，地方政府行为可以选择打击或者是不打击。政府与农民策略行为的选择主要考虑以下因素：农民抵制的意愿、政府强制情况下抵制成功的概率（p）、政府强制执行的成本（F）。假设本级政府和官员若被发现强制农民退地必定受到严厉的处罚，则上级政府对本级政府行为有强大可信的威慑，政府追求行为是存在一定的成本与风险的。地方政府会考虑到成本与风险的问题，此过程中选择是否打击也存在一个概率（q）。该博弈是一个混合战略博弈问题，双方寻求其最有利的战略组合是一个求混合战略纳什均衡的过程。

假设政府的混合战略为 $h_1=(q,\ 1-q)$，即其打击的概率为 q，不打击的概率为 1 − q；农民的混合战略为 $h_2=(\theta,\ 1-\theta)$，即农民抵制的概率为 θ，不抵制的概率为 1 − θ。农民在政府打击情况下抵制成功的概率为 p，抵制不成功的概率为 1 − p。

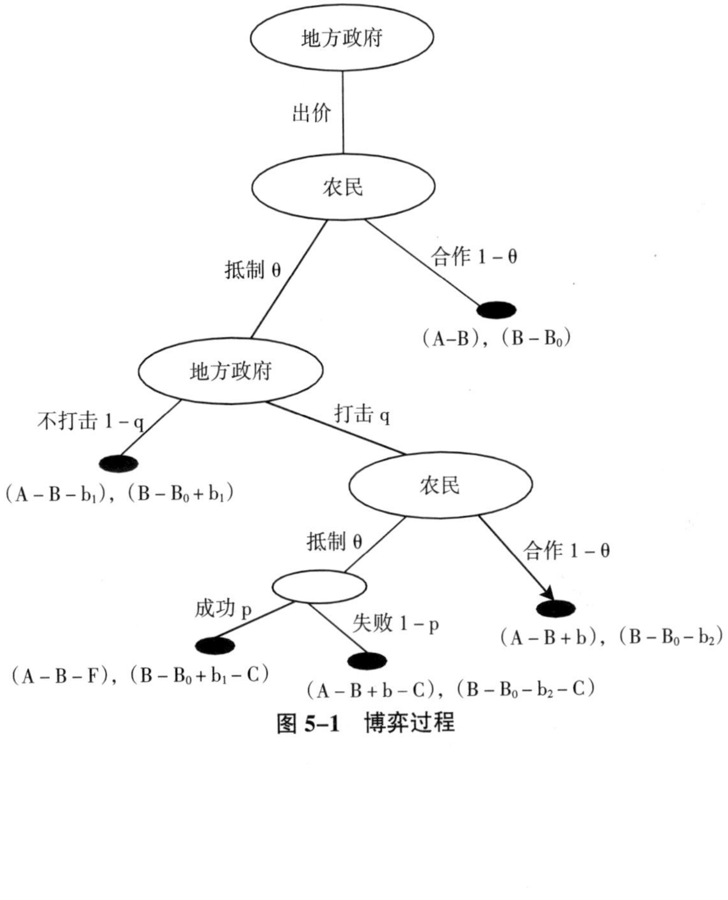

图 5-1　博弈过程

从上面分析可以看出，当农民参与宅基地退出，自觉接受政府的一系列政策时，地方政府就没战略决策，农民与政府的净收益分别为（$B-B_0$；$A-B$）。双方不需要支付额外成本，实现了整体效益的最大化，必须满足如下条件：地方政府解决农民失地后带来的各种问题，化解农民失地带来的各种风险，提供农民基本的就业保障和基本的生活保障。也就是说，农民的退地收益大于退地成本，农民才会采取合作的行为。但当政府的政策不能让农民接受时，为了维护自己的权益农民采取系列抵制行为（如上访）。农民的维权能否会为自己争取更多的收益，取决于村民的抵制行为的成功率。当农民抵制而政府不予打击时，农民与政府的净收益分别为（$B-B_0+b_1$；$A-B-b_1$），这意味着农民的收益会增加，政府的经济收益会下降。而政府面对着村民的抵制行为，政府采取打击的手段，农民放弃维权，这种情况下，农民与政府的净收益分别为（$B-B_0-b_2$；$A-B+b$），很明显，农民的收益会降低，政府的收益会增加。一旦政府采取打击行为，农民依然抵制的话，双方的利益博弈格局发生改变。当农民抵制成功，农民与政府的净收益分别为（$B-B_0+b_1-C$）;（$A-B-F$）。对农民们而言，收益的增加还是减少，取决于政府额外给予农民的补偿与抵制成本的比较。对于地方政府来说，农民抵制成功，其收益的改变取决于政府强制执行的成本。如果在政府强制执行过程缺乏有效的监督，政府会获得较多的收益。当农民抵制失败，农民与政府的净收益分别为（$B-B_0-b_2-C$）、（$A-B+b-C$），农民的收益降到最低，政府获得最大收益。

三、博弈结果分析

通过上述博弈分析，农民的权益能否得到很好的保护取决于两方面的因素：

一是政府是否面临着强有力的约束和监督。政府在农村土地流转市场中往往处于垄断地位，一方面，政府基于特定的补偿理论和补偿原则确定补偿价格征收农民的宅基地，另一方面，当村集体和农民的土地发展权转移给政府，政府在土地出让上拥有垄断地位，因此政府的土地出让价格处于较高的水平。假如政府缺乏有效的监管机制和约束机制，政府就会更多地动用行政权，利用强制力强制农民以不合理的价格和社会保障方式退出宅基地，使农户的利益进一步受损。而在地方政府的垄断下，开发商为了获得开发用地，可能通过权力寻租——与地方政府合谋进行暗箱操作，加剧损害农户利益和社会正义。

二是农民的维权意识和能力。在农民与地方政府的讨价还价过程中，政府凭借其政策制定的“优先权”，往往首先抛出实现自身退出收益最大化的方案，然后视农民的反应而做出政策调整。如果农民维权能力弱，政府凭借“优先权”获得大部分退地收益，使农户面临更多的退地收益损失。因此，农民作为博弈主体的重要一方，农民维权能力的大小决定了农民收益的高低。但农民作为一个利益整体，虽然人数众多，但在中国现行的政治体制和权力架构下，农民在政治上处于弱势群体的地位，而政府控制的资源特别是垄断性的政治资源使农民难以望其项背。此外，由于他们通常文化素质、知识技能相对较低，缺乏必要的组织谈判能力，使我国农民在与政府的博弈中处于弱势地位，在涉及农民切身利益的农地退出过程中，他们不仅无法与政府进行有效的谈判，而且被排除在政策制定、执行过程之外。实际上形成一种政府垄断土地市场的交易价格，农民在土地价格形成中并没有太大的发言权，只是垄断价格的被动接受者，客观上造成农民土地财产没有得到有效保护，也没有获得应当享有的土地增值收益。

第二节 农村宅基地产权制度对农民权益的侵害

诺斯认为："制度是一系列被制定出来的规则、守法程序和行为的道德伦理规范，它旨在约束追求主体福利或效用最大化利益的个人行为。"换言之，制度就是一个社会的游戏规则，更规范地说，它们是决定人们的相互关系而人为设定的一些制约。一项好的制度安排，其最基本的功能是节约，即让一个或更多的经济人增进自身的福利而不使其他人的福利减少。城乡建设用地增减挂钩政策下农村宅基地退出的核心是土地产权的界定与调整，本质上是通过一系列产权交易行为实现土地增值和土地利益再分配的过程。因此，本部分从产权角度深入剖析宅基地退出中的土地利益分配关系，系统阐述宅基地退出中各利益主体之间的土地利益冲突与产权制度成因。

一、宅基地产权制度现状

我国长期形成了以"两权分离、一宅两制、登记管理"为主要特征的农村宅基地产权制度。"两权分离"是指中国农村宅基地所有权归农民集体所有，农户长期拥有宅基地使用权，实行宅基地所有权和使用权相分离制度。"一宅两制"是指农村宅基地制度与其之上的农村住房产权制度不同。一方面，农村居民只拥有宅基地的使用权，宅基地使用权属于用益物权，权利人可以对宅基地长期享有占有、使用的权利；另一方面，农村住房属于私人所有，宅基地之上的房屋归农户个人所有，是农户的私有财产，农户拥有所有权。"登记管理"是基于农村宅基地的用益物权属性和农村住房的所有权属性，国家实行不动产产权登记管理制度。

（一）宅基地所有权

《宪法》第十条和《土地管理法》第八条都规定了“城市市区的土地属于国家所有。农村和城市郊区的土地，除由法律规定属于国家所有的以外，属于农民集体所有；宅基地和自留地、自留山，属于农民集体所有”。但对集体的界定不同法律具有差异。《土地管理法》第十条规定：农民集体所有的土地依法属于村农民集体所有的，由村集体经济组织或者村民委员会经营、管理；已经分别属于村内两个以上农村集体经济组织的农民集体所有的，由村内各该农村集体经济组织或者村民小组经营、管理；已经属于乡（镇）农民集体所有的，由乡（镇）农村集体经济组织经营、管理。《民法通则》则将农民集体规定为乡（镇）、村两级。《农业法》界定为乡（镇）、村或村内农业集体经济所有。《土地管理法》第四十三条还规定“任何单位和个人进行建设，需要使用土地的，必须依法申请使用国有土地；但是，兴办乡镇企业和村民建设住宅经依法批准使用。本集体经济组织农民集体所有的土地的，或者乡（镇）村公共设施和公益事业建设经依法批准使用农民集体所有的土地的除外”。即农民集体所有土地要发展城镇建设，必须通过土地征收成为国有土地，否则就违反了《宪法》和《土地管理法》的规定，构成违法。同时，国家征收集体土地，补偿标准由政府一方确定，忽略了农民集体作为农村土地所有权主体对其产权的收益与处置权利。这些都体现了国家所有权和农民集体所有权在法律上的不平等。

（二）宅基地使用权

《土地管理法》第六十二条规定：“农村村民一户只能拥有一处宅基地，其宅基地的面积不得超过省、自治区、直辖市规定的标准。农村村民出卖、出租住房后，再申请宅基地的，不予批准。”第六十三条规定：“农民集体所有的土地的使用权不得出让、转让或者出租用于非农业建设；但是，符合土地利用总体规划并依法取得建设用地的企业，因破产、兼并等情形致使土地使用权依法发生转移的除外。”1999 年的《国务院办公厅关于加强土地转让管理严禁炒卖土地的通知》、2004 年的《国务院关于深化改革严格土地管理的决定》、国土资源部《关于加强农村宅基地管理的意见》、2007 年的《国务院办公厅关于严格执行有关农村集体建设用地法律和政策的通知》等行政法规都明确规定严禁城镇居民购买农村住宅和宅基地。《担保法》第三十四条规定抵押人所有的房屋和其他地上定着物可以抵押；第三十七条规定宅基地的使用权不得抵押。宅基地使用权不得抵押的规定在事实上导致建筑在农村宅基地上的私有住宅亦不能用于抵押。但在同样是两权分离的国有土地上，城市住宅及其土地使用权却是房地一体，居民可以对其房产进行抵押。

以上土地相关法律法规都是对农村宅基地使用权的一种限制，虽然《宪法》第十条规定“任何组织或者个人不得侵占、买卖或者以其他形式非法转让土地”，《物权法》第一百五十二条规定“宅基地使用权人依法对集体所有的土地享有占有和使用的权利，有权依法利用该土地建造住宅及其附属设施”，但同时又强调“适用土地管理法等法律和国家有关规定”。由此可见，现行农村宅基地使用权的权能缺失，与国有建设用地使用权存在很大的差异和不平等。

二、宅基地产权的缺陷

（一）宅基地所有权主体缺位，产权归属不清

虽然相关法律规定了农村集体土地的所有权主体，但在不同法律中对农村土地集体所有权主体的规定并不一致。《土地管理法》第十条将农民集体规定为乡（镇）、村和村小组三级。而《民法通则》则将农民集体规定为乡（镇）、村两级。《农业法》界定为乡（镇）、村或村内农业集体经济所有。不同的法律对于宅基地使用权主体都有不同的规定，上述法律规定的关于所有权的主体在农村地区土地管理中都存在。这导致宅基地所有权主体混乱的局面。这种混乱的局面使宅基地所有权边界不清晰，必将导致部分产权处于公共领域，使参与主体争相逐利，正如巴泽尔（1982）所言：离开了清晰界定

并得到良好执行的产权制度，人们必定争相攫取稀缺的经济资源和机会。农民因缺乏一个强有力的维护农民权益的产权界定主体而导致维权能力不足。由于宅基地所有权主体模糊，尽管农民有维护自己土地权益的愿望，农民仅凭使用权难有话语权，强势的地方政府或利益集团面对可有可无的“农民集体”，但地方政府完全掌握着土地资源的垄断权力，最终会导致农民权益受损。

（二）农村宅基地使用权的处分权有限

《物权法》将农民宅基地使用权规定为一种用益物权，按照物权理论，宅基地使用权作为一种私有性质的产权，理应享有转让、抵押、作价入股等完整的处分权。《物权法》把宅基地使用权确定为用益物权，原本意义是为了确认宅基地使用权人的权利，从而为宅基地使用权人行使权利、保障权利人的利益提供法律依据。事实上，宅基地使用权是一种可行性受法律限制的权利。我国《土地管理法》《民法通则》[①]《担保法》[②] 以及《物权法》对农民和集体的处置权做出很大程度的限制。在现行的法律框架下，宅基地使用权并非完全意义上的私权，现行宅基地使用权不具备自由的转让权，也就是权能不完整的宅基地使用权。但在我国现实制度约束下，一方面，农民使用权的处分权有限，被剥夺了对宅基地的自由交易权，意味着该财产不能充分发挥使用潜能，从而使宅基地资源处于低效利用状态；另一方面，作为一种资源，土地本身就有突出的稀缺性，而也因为土地的稀缺性，才使得土地比其他财产更能体现私人利益和公共利益的冲突。也正因为宅基地使用权的权能受限，宅基地使用权不可避免地具有公权干预的色彩。在土地资源日益稀缺下，各地方政府逐渐介入对农民宅基地资源的掠夺中，由于土地资源前置性地不掌握在农民手中，在政府介入后，尽管有部分农民不情愿或存有异议，

---

①《民法通则》第八十条规定：“土地不得买卖、出租、抵押或者以其他形式非法转让。”

②《担保法》第三十七条规定：“耕地、宅基地、自留地、自留山等集体所有的土地使用权不得抵押。”

但又不得不退出，农民失去了自主权，农民可能被迫接受不公平的补偿安置。另外，在我国，农村宅基地近乎是一种没有期限的财产权，只要使用主体人存在，或者是宅基地上房屋存在，农民就可享受宅基地所有权，即使宅基地使用权人不存在，还可以继承和赠予。因此对农民而言就是一种永久性的财产。由于宅基地处分权受限，连带宅基地之上的房屋所有权都无法实现其财产收益。我们不难看出，宅基地使用权权利属性存在限制，本应为一种私权的宅基地使用权，却不得不无奈被公权挤压生存空间，最终不可避免地沦为强大公权掌控下的名义上的“私权”（曹泮天，2011）。宅基地使用权的处分权受限使得政府成为推动农民宅基地进入土地市场的唯一渠道，农民因而无法参与分享土地转用后带来的增值收益，导致农民的土地财产权益直接受到侵害（冀县卿等，2007）。

（三）土地发展权缺失，农民无法分享土地增值收益

当前政府通过引导农村宅基地退出的过程在实际上是农村宅基地资源要素被重新配置的过程，这一过程必然也是利益格局重新调整的过程。地方政府并不是真正需要农民的宅基地，而是通过宅基地退出整理复垦，获得宅基地整理复垦后在另一个区位占用耕地的权利，整个过程就是政府通过一系列的过程最终获取复垦地区的土地发展权，然后在城镇周边交易发展权的过程。通过土地的出让实现了宅基地价值的增值过程，但价值实现的过程已经与农民本身没有任何直接关系了，农民仅是获得了宅基地价值增值中的一部分收益。尽管与国家征收方式存在差别，本质上主要是在农村宅基地退出中采取了行政手段，但在最终土地利用上却采用市场经济的途径，因而宅基地发展权转移所带来的巨大增值收益是客观存在的。这部分巨大的增值收益成为政府的溢价收益。由于我国法律法规对土地发展权利并无清晰界定，宅基地发展权的内容与归属都没有相应的法律规定，土地发展权转移缺少市场交易机制，土地发展权成为公共领域内的可带来潜在收益的模糊产权。这些导致农民在同地方政府界定宅基地发展权及执行产权过程中，缺乏最重要的法律依据，即产权界定和执行的最关键制度保障缺失，使得农民界定和执行宅基地发展权的边际成本上升，进而应该归属于农民的部分甚至全部宅基地发展权滞留在了“公共域”中，农民权益因此遭到侵害。

第三节　农民自身对农民权益的影响

一、农民利益集团的弱势

一般来说，公共政策的制定是政府对各个利益集团的利益进行权衡的结果。因此，农民权益能否得到保护取决于农民利益集团的地位。在今天的中国，占人口70%的农民仍处于孤立的个体或小团体的分散状态，尽管有各种各样的专业化合作组织，但大多流于形式且规模太小，或异化为政府的附属组织没能真正形成代表自身利益的利益集团。农民作为弱势群体，单个农民的呼声难以通过正常渠道直接上传给决策者，只有通过“团体”的渠道才能起作用（陈雷，2004）。因而农民只有通过组织化的方式才可能进行政治参与，提高其维护权益的能力。目前处于社会底层的农民群体处于碎片化状态，缺少组织优势，因此利益表达也无法制度化、组织化。

我国的《宪法》规定，农村土地实行集体所有。集体所有制也可以说，只要是这个集团的农民都可以是土地的主人，但他们并不准确了解自己在集体财产中所占的份额。在这样的制度安排下，尽管农民数量庞大，当面对强大的科层体制侵犯自己权益时，他们往往不可能为了共同的利益而形成强大的利益集团。理性的农民都会选择“搭便车”的行动。

二、农民自身能力的欠缺

据统计，目前我国农村劳动力的平均受教育年限为7.7年，2001年我国农村劳动力中87.8%为初中以下文化程度。对样本地区调查发现，初中及以下文化程度占比为93.5%（张利霞，2006）。农民文化程度不高必然会导致两方面的结果：一是维权能力下降，甚至是缺乏维权意识。当调查中问到“当您的利益受到侵害时您是否会选择相关的方式进行维权”，仅有8.9%的农民会进行维权。因此，一旦利益被侵害，只懂得一味退缩，强忍委屈，不能充分发挥土地权益主体的保护作用，那么只会导致更大的权益受损，并且会起到纵容的恶劣影响。二是在产权博弈的过程中遭受侵害。产权博弈的过程实质是农民与其他利益主体间博弈的过程，农民能力的高低决定了在博弈中所处的地位，决定了产权界定的边界。农民由于自身能力有限不可避免地成为博弈中的弱势群体，其结果必然是土地权益受损。

从政府主导的农村宅基地退出看，站在政府的角度讲，农村宅基地的退出和置换能够获取建设用地资源，达到集约用地的效果，能有效缓解城镇建设用地紧张的状况。同时，参与农户能够获取一定的经济补偿，对他们的生活给予支持和帮助。看似政府主导下的宅基地退出似乎对各方都是有益的，但为什么普遍存在农民权益受到侵害？一方面，忽略了农民的参与主体地位，农民无法有效参与到宅基地退出政策的制定，出现农民“集体失语”；另一方面，农民参与宅基地退出实为个体缺乏组织化依托。农民作为分散的个体，缺乏一个有力的利益表达者为他们服务，无法获取有力的话语权。正如有些学者指出：“中国农民—农村土地改革这部历史剧的主角，还未入戏，他们还不能适应这些或许可以帮助他们致富的政策，而真正入戏的人们却似乎并不知道农民真正需要什么。”（李长健，2005）

本章小结

本章从不同主体行为的利益博弈、农村宅基地产权制度和农民自身三个方面分析了农民土地权益受损的原因。农村宅基地退出中涉及多方利益主体，通过不同利益主体的博弈分析，博弈双方利益目标不同而行为取向不同，各利益主体在没有任何约束限制的情况下，往往做出对自身有利的决策。地方政府由于自身拥有特权以及身份的多重性，导致政府部门有优先保护自身利益的行为。在整个博弈过程，农民由于无权无势，处于博弈的弱势地位，无法与地方政府的强势进行讨价还价而导致农民各方面权益得不到有效保护。从农村宅基地产权制度看，宅基地所有权主体不明确、农村居民享有的宅基地产权权能不完善、土地发展权缺失等方面造成农民土地权益的受损；从农民自身能力看，农民在利益博弈中多处于弱势地位，导致农民政治权益无法得到保证。

第六章　研究结论、政策建议及讨论

第一节　研究结论

本书是以城乡建设用地增减制度背景下农村宅基地退出中农民土地权益保护为研究内容，运用理论分析、规范分析、案例分析、实证分析和博弈分析等研究方法，深入研究了农村宅基地退出中对农民土地权益的影响。本书通过理论和实证的分析得出了以下结论：

一、农村宅基地退出是我国经济社会发展的客观趋势

在土地供需矛盾日益突出和严格耕地保护的背景下，地方政府以“城乡增减挂钩政策”为依据，结合农村宅基地整理，通过农村住宅的拆迁、复垦、政府规划等措施，实现农民居住地的空间转换，以达到促进农民集中居住、村庄布局合理、节约集约利用土地的目的。

二、农村宅基地退出实践模式是政府主导下的一种退出，其本质是土地发展权的交易过程

通过对当前以“整理、置换”等为主要模式的宅基地退出典型案例的分

析发现，地方政府推动农村宅基地退出的本质不是宅基地本身而是从宅基地退出复垦后获得在其他地区建设占用耕地指标的权利，实质是政府获取了农民和农村集体拥有的“宅基地发展权”。作为制度供给的地方政府通过制度变迁获得新增建设用地指标，以及新增建设用地的土地发展权收益。在各试点中，政府成为最大获益者，集体经济组织和农民是利益损失者。实践中，不同的模式中普遍存在农民土地权益受损，主要表现在农民的参与权、社会保障权益、宅基地财产权受到不同程度的侵犯。

三、农村宅基地退出中农民权益的实证分析发现土地权益受到了不同程度的损害

通过对重庆市九龙坡区增减挂钩试点“退地上楼”的 323 户农民的调查数据，借鉴 Amartya Sen 的可行性能力理论，分别从经济状况、居住状况、保障状况、社区状况和心理状况五个方面构建反映农民权益测度评价一级指标体系，在此基础上构建了 16 个二级指标体系，利用模糊数学的评价法对宅基地退出农户权益状况进行实证研究。结果显示，农民整体权益状况指数由退出前的 0.416 变为退出后的 0.348。其中反映农民权益的经济状况指标从退出前的 0.502 下降为 0.253、居住状况指标由 0.316 上升至 0.519，保障状况指标从 0.528 下降为 0.352、社区状况指标由 0.306 上升至 0.518、心理状况指标从 0.500 下降为 0.253。实证研究和统计描述的结果表明，现阶段农民宅基地退出实现集中居住，极大地改善了农民的住房条件和居住环境，但伴随着农民居住的改变，农民生产生活方式发生了必然变化，在此过程中，农民的经济权益、社会权益、政治权益都不同程度地受损。总体而言，在农村宅基地退出中农民土地权益受到了损害。

四、农民权益受损的根源是制度因素和地方政府的行为

农村宅基地退出中，农民土地权益受损的不仅包括经济权益，还包括政

治权益和社会权益。地方政府行为和我国农村宅基地产权制度是导致农民权益受损的根源。一方面，农村宅基地所有权虚置、现有法律法规对宅基地使用权流转的严格限制以及土地发展权的缺失是导致农民权益受损的制度根源；另一方面，现阶段农村宅基地退出实质是农民与政府之间的产权交易，由于双方利益取向不同，地方政府的利益取向导致农民土地权益受损的程度扩大。此外，在农民与地方政府的博弈行为中，农民的“弱势”与政府的强势使农民缺乏讨价还价的能力，农民被动接受政府的政策安排，被动“退出”和“上楼”。

第二节　提升农村宅基地退出中农民土地权益保护的政策建议

一、农民土地权益保护的基本原则

农村宅基地退出时，农民土地权益保护的推动因素来自两个方面：一方面是农民的行为，农民在退地中合理维权，促使政府分步退让，做出调整安排，满足农民对土地权益的诉求；另一方面是国家和各级政府，对宅基地退出的政策和法律体系进一步调整及完善，提高对退地农民土地权益的保护水平，有利于维护社会公平。本书认为，提升农民土地权益保护要坚持三项原则：

(1) 确立农民的土地权益主体地位。土地产权是农民土地权益的核心和基础。集体所有制情况下，所有者不能虚置，农民自身不能被排斥在所有者之外，农民应是所有者的主体和核心；任何农民自身之外的组织，包括村、村民小组及其他形式的组织都不能替代农民自身行使所有者权利。

（2）平衡各方利益集团的权益。在农村宅基地退出中，地方政府和农民自身是土地利益的直接参与者，也是最核心的权益相关方。制度设计不能过分倾斜和失衡。

（3）农民土地权益保护需要建立可持续性的制度安排。宅基地对农民而言具有多种功能，一旦宅基地退出，依附于其上的功能也就此宣告终结，必须通过建立退地农民城市住房、就业体系，以保障他们基本生存的能力。

二、农民土地权益保护的政策建议

（一）转变政府职能，规范政府行为

1. 转变政府职能

政府是一把“双刃剑”，保障民生，使公民安居乐业是政府工作的重心，但在很多时候，地方各级政府也有自己的利益立场，当政府利益与公民利益冲突时，做出牺牲让步的是公民利益。因此政府应转变观念，树立执政为民的工作理念。

中央政府出台城乡增减挂钩政策的初衷是通过对农村建设用地整理复垦，用增加的耕地换取建设用地指标，以解决“保护与建设”的矛盾。在目前宅基地管理制度下，政府需要介入宅基地退出中。政府具有双重身份属性：一方面，作为社会公共的代表，从公共利益的保护出发，在宅基地的产权界定、保护以及产权限制等方面处于管理者的法律地位；另一方面，在宅基地退出中，政府作为直接的参与主体而存在，即政府处在“交易”相对人的地位。为保障农民利益，政府的职能定位是非常重要的。一方面，政府必须参与到宅基地退出的过程中；另一方面，防止政府在宅基地退出中以过强的行政权力侵犯农民权益。实践中，地方政府往往过分追求建设用地指标成为宅基地退出中的直接参与者和谋利者，出现越位、错位，不少地方在宅基地退出问题上演变成了赶农民上楼，大拆大建的短期工程，损害了农民的利益。城乡建设用地增减挂钩将城乡土地统筹发展，提高了农村的土地利用，

无疑是破解当前中国土地利用问题的一条重要途径。因此，作为地方政府应该改变其职能，政府不应是经济活动的直接参与者和谋利者，应是社会和市场经济中的服务者。具体而言，在推动农民宅基地退出中，要充分尊重权利有所者的主体地位，应由农民自愿做主，不能采取政府强制力量推进。政府在其中扮演中介的角色，具体表现为：制定合理的地方性法律，建立公正、公开、宜监督的交易制度，保证各交易主体的利益受到公正、公平的对待；加大对公共物品的供给。农民宅基地退出推动大量农民向集中区和中心村集中，农民依附于土地上的权益都会丧失。政府为农民提供医疗、失业、养老等方面的社会保障以保障社会的稳定，同时加大村庄社区基础设施建设，优化村庄环境，使农民逐步适应居住方式改变而带来的生活方式的改变。

2. 加强监督，规范政府行为

政府部门之间要相互监督，相互牵制。这是最容易出现机会主义，同时也是监督最困难的地方。政府从自身政绩考虑，加快经济发展，增加财政收入，实现财政收支平衡，加快现代化城市的建设等，都是政府部门十分关注的利益问题。而这些问题往往又和另一个目标相冲突，也即与增加农民财产性收入，提高农民生活水平，维护农民土地权益相冲突。在缺乏约束限制的情况下，地方政府往往会凭借其政策制定的“优先权”，做出有利于自身利益最大化的选择而导致农民利益受损。农村宅基地退出是在中央政府政策指导下的土地制度的创新，但是当前政府的政策没有上升到法律层面，由于相关法律规定的缺失，宅基地退出可能会带来一定的社会风险，况且农村宅基地退出涉及多方利益主体，因此为了保护农民的合法权益，急需完备的法律体系作保障。所以，中央政府在立法上构建农村宅基地退出的法律制度，对宅基地退出的条件、程序和补偿等内容进行系统的规制设计，让农村宅基地退出有法可依，以规范地方政府的行为。

（二）完善宅基地产权制度

1. 明晰宅基地使用权产权

从产权经济学的角度看，只有在产权主体的基础上才能实现对财产的有力保护（王淑莉，2007），而从法律角度看，明确的产权主体有助于杜绝损害产权的事件发生并且对合法权益进行保护（王天义、李鹏，2004）。科斯认为“如果交易费用为零，那么无论产权如何界定，市场机制都会使资源配置达到最优”。但现实中由于交易费用的存在，不同的产权制度会产生不同的交易费用，进而影响着不同交易主体的决策行为。当前，农村宅基地退出中出现的农民权益受损，其根源主要是农村宅基地产权的不完善。在我国集体所有制不变的制度框架下，未来农村宅基地产权制度的完善主要从明晰宅基地使用权产权方面着手。对于宅基地使用权产权明晰主要包括两方面：

一是明确农村宅基地使用权的用益物权。《物权法》的颁布，明确了农村宅基地使用权的性质为用益物权，确认了宅基地使用权人的权利。用益物权是典型的私权，是一种排他的支配权，当然可依用益物权人的意志进行处分。宅基地作为一种用益物权就必须既享有使用、收益权，同时还应该包括完整的处分权利。

二是明晰宅基地使用权的权属。一方面，通过确权核资和界定成员资格使宅基地使用权主体必须依法确定；另一方面，宅基地面积必须明确。因为在宅基地退出中，宅基地使用权的面积是宅基地使用权行使权利的重要边界，直接关系到宅基地退出的收益。因此应该对宅基地进行确权颁证。国土部、财政部和农业部于 2011 年 5 月联合发布《关于加快推进农村集体土地确权登记发证工作的通知》，实践中重庆、成都都进行确权探索。对宅基地确权颁证，可避免相关法律在宅基地利益分配问题上的矛盾，也可促使地方政府对农民宅基地补偿具有凭证，从而保障农民宅基地退出收益的实现。

2. 引入土地发展权制度

当前政府通过引导农村宅基地退出的过程实际上是农村宅基地资源要素被重新配置的过程，这一过程必然也是利益格局重新调整的过程。地方政府并不是真正需要农民的宅基地，而通过宅基地退整理复垦，获得宅基地整理复垦后在另一个区位占用耕地的权利，整个过程就是政府通过一系列的过程最终获取复垦地区的“土地发展权”，然后在城镇周边交易“发展权”的过程。通过“土地发展权”的出让实现了宅基地发展权价值增值过程。但在实践模式中，价值实现的过程已经与农民本身没有任何直接的关系了，农民仅是获得了宅基地价值增值中的一部分收益。尽管与国家征收方式存在差别，本质上主要是在农村宅基地退出中采取了行政手段，但最终土地利用上却又是采用市场经济的途径，因而宅基地发展权转移所带来的巨大增值收益是客观存在的。这部分巨大的增值收益成为政府的溢价收益。因此。如何保证在资源的有效利用下对收益公平分配就是“土地发展权”转移中的一个核心问题。土地发展权制度的构建对农民权益保护至关重要。土地发展权制度是通过立法规范改变土地使用用途和利用强度所产生的经济利益分配及权利归属的制度，始建于英国，随后美国对这一制度加以吸收和改进，创造了“土地发展权”（LDR）转移制度。我国正在进行的“城乡建设用地增减挂钩”实践与美国“土地发展权”转移制度具有内在的契合性。因此，土地发展权制度构建势在必行。

如何构建土地发展权制度？

首先，通过法律规定土地发展权的归属主体，为农村宅基地退出、土地征收等农民参与分配土地发展权收益提供法律依据。国外学者关于土地发展权的归属存在两种观点：一种观点认同美国的做法即“土地发展权”自动归属于原土地所有者。拥有土地发展权就等于拥有变更土地使用性质的权利，其他对土地需求者要想获得土地发展权必须通过市场进行公平购买土地发展权，一旦交易完成，土地发展权就属于购买者。另一种观点认同英国的做法即土地发展权归属国家，土地需求者向政府购买土地发展权。在我国土地用途管制的土地制度下，农民和集体无权擅自进行土地开发，但符合条件的农村村民申请建房和符合土地利用总体规划的土地用于发展乡镇企业，这都涉及土地用途的转变，但集体不需要向国家支付代价而有权批给这些用地需求者。因此，按照我国的土地管理制度，从有利于保护农村的土地权益的角度出发，发展权归属于原土地所有者（农民和农村集体）比较合适。国家要进行土地开发，首先向土地所有者以一定价格购买土地发展权，同时支付退出过程中农民的补偿。在这一过程中，国家作为土地管理者，制定制度来规范土地相关权利人的行为，这些制度规则包括：第一，政府对土地开发总量的项目进行控制以避免土地发展权所有者滥用权利，造成土地资源的浪费。第二，政府构建合理的土地交易平台，保障土地发展权的交易公平。

其次，建立土地发展权收益的合理分配机制。毫无疑问，土地开发利用势必带来土地巨额的增值收益。理论界对土地增值的主要原因归纳为三种因素：自然增值、投资增值和土地用途变更的增值。现阶段，“挂钩”政策下所带来的土地增值收益的源泉是什么？从整个增值收益过程分析，农民首先让渡其宅基地的使用权与房屋所有权给地方政府，政府将退出的宅基地整理复垦为耕地，在保持“耕地占补平衡”下，政府获得复垦后多余的建设用地指标，政府将“拆旧区”多余的建设用地指标通过“招、拍、挂”的方式转移到“建新区”的用地需求者，实现了建设用地指标的城乡置换。从整个过程看，地方政府剥夺了农民和农村集体通过整理获取“土地发展权”的收益。“挂钩政策”下的土地增值收益为土地发展权转移带来了收益，当然若没有“挂钩”政策作为制度依据，无法实现土地发展权的转移，更谈不上增值收益的产生。因此，“挂钩”政策下土地增值源泉包括农民和农民集体“宅基地发展权”转移带来的收益加上政策增值。如何分配“挂钩”政策下产生的增值收益，这关系到“挂钩”政策实施的效果和能否顺利推进。关于增值收益的分配，国务院和国土资源部做出了原则性的规定，产生的增值收益如何分配没有一个明确的标准。本书认为，国家制定“城乡建设用地增减挂钩政策”的初衷是通过“以城带乡、以工促农”实现城乡发展。地方政府、农民和农村集体均是收益主体，建议将增值收益归农民和农村集体所有，以体现国家政策规定的原则。

（三）提升农民主体地位

1. 构建农民自己的代言组织以维护农民的权益

从农民与政府的利益博弈中发现，我国农民之所以在宅基地退出中权益受到侵害，一方面是由于地方政府强大的政治势力，另一方面是农民群众缺乏一个自身的代言组织，农民的话语权难以实现。尽管农民有自己的组织——村民委员会，但现实中的村民委员会在我国现行的行政体制下，在很大程度上要受到上一级政府组织的制约，结果造成本应起到保护农民作用的村民委员会不能承担起维护农民权益的功能，在某种程度上，村民委员会甚至是侵害农民权益的直接和主要刽子手。由于我国农民还没有正式的能够维护农民权益的代言组织，当农民的权益受到侵害时，农民无法与政府进行有效的谈判，而且被排除在政策的制定和执行过程之外，农民的权益往往得不到重视和有效的保护。因此，农民应构建自己的代言组织。在政府主导下的农村宅基地退出中，代言组织就成为农民参与宅基地退出的重要载体，由该组织带领农民参与到宅基地退出中的各个环节，规范地、有效地表达农民的利益诉求。

构建农民的代言组织，首先确定组织的性质。代言组织不同于行政组织，它不受基层政府委派和任命，也不是基层政府在农村的延伸，它是一种自发的非正式的民间组织，具有“民间性”“自治性”和“自愿性”。其次确定该组织的功能。农民自己的代言组织，最主要的功能是以保护农民本应享受的权益不受侵害为己任。当农民的土地权益受到侵害时，农民代言组织要把分散的农民组织起来，把农民的利益诉求和主张聚合起来，采取与政府对话、谈判等形式合法并有效地维护自己的权益，避免土地冲突的出现。保障代言组织能健康有序的发展有如下做法：

第一，必须要有相应的法律保障。从目前看，我国并没有关于构建农民组织的相关法律法规，为了保障农民代言组织能够顺利且有成效地开展工作，我国应该制定一部比较完整的有关农民组织的法律法规，对农民组织的参与主体、参与范围、参与方式和参与目标等基本要素做出明确的规定，为农民组织的成长提供可靠的法律环境，提高农民的组织化程度。

第二，要鼓励农民建立自己的利益组织，如农村经济合作社、农业专业协会等能够代表农民自己利益的组织。不断提高农民的组织管理能力，积累参与公共政策、决策的经验，进而使农民更加制度化、程序化、专业化地表达自身利益，从而增强农民保障自身权益的能力。从农民代言组织的成员组成看，应以农民自己为主体，但考虑到农民自身素质的局限性，所以应该吸收专家或知识分子作为顾问参与到组织建设中来。

第三，国家要给予必要的资金支持。农民代言组织是非营利性的民间组织，如果其资金仅仅通过社会集资、募捐等渠道获取，则很难募集到足够的资金以保证组织的正常运转。因此，需要政府的大力支持和积极推动，需要政府在税收、财政等方面提供一定的政策优惠和资金支持。

2. 提高农民自身素质和维权能力

针对农民能力低下情况，国家应该加大对农民的培训力度。

首先，提高农民法律意识。为了提高农民维护自身权益的能力，应对农民进行法律知识培训，同时要提高农民利用法律武器维护自身权益的能力。培训的途径：一是政府组织专业人才进村进行法律知识宣讲；二是通过电视、演讲会、报纸等形式普及农民的法律知识，使其了解生活和实践中哪些情况涉及侵权，可以通过哪些途径维护自身的权益。

其次，政府要重视农村能人的培养。政府把生产一线的致富能手或者是有文化知识的能人聚集起来培训，使优秀的农村实用人才成为农民致富带头人。培养后备干部，建立人才档案。组织的带头人来源于农民自身而不是政府人员，这样才能增强农民的信任度，提高村民的凝聚力，真正为农民权益提供保障。

（四）完善社会保障体系

农民退出宅基地后，难以获得土地的“替代性”保障。农民在无偿使用宅基地的前提下，可以自主建造房屋及其他附属物，这在《宪法》和《土地管理法》中都有规定，这可以使农民居有定所，在一定程度上是对农民生存权和居住权的一种保障，承载着农民居住、养老的社会保障功能，这种既得利益是由宅基地所提供的，一旦农民从宅基地上退出，必然会使其居住空间发生改变，同时失去依附于宅基地上的各种保障。除此之外，农民的生活方式及生存环境的改变，也会对其心理产生影响。部分农民失去宅基地后，生存空间由农村转向城市，一方面，他们缺乏必要的就业技能；另一方面，城市也并未将务工农民纳入城市保障范围内，农民面临着“既失土地，又失保障”的双重压力，若没有与宅基地退出相配套的“替代性”保障，农民权益无法得到保护，远期生存和生活堪忧。因此，我们应当尽快构筑农村社会保障“防护网”，进一步完善农村社会保障体系，解决农民退出宅基地后的后顾之忧。

首先，将宅基地退出的农户纳入最低生活保障范围，为他们提供保障金，从而帮助他们平稳度过宅基地退出的“过渡期”。

其次，完善农村养老保险制度，依据年龄层次划分不同标准，都应纳入保险范围，最大限度地解决他们退地上楼的后顾之忧。

最后，合理培育和配置适合退地农民的就业岗位。由于农民受教育程度低下、就业能力较差和技术水平较低，使其无法很快融入城市生活。解决这一问题仅仅靠市场和农民是无法实现的，其根本出路是由政府建立完善的再就业体系，合理设置适合农民的技能培训和就业岗位，对有能力的农民，也要鼓励支持其创业。虽然短期内无法较快提高农民竞争力，但能够使他们掌握简单的职业技能，解决他们基本生存的问题。

第三节　本书存在的不足

限于研究水平和时间关系，本书存在诸多不足之处。

一、数据收集问题

研究农民问题，最棘手的就是数据不容易收集。在数据收集时存在两方面问题：

一是因受问卷设计和调查方法的限制，很难保证受访者填写的问卷数据可以完全、真实、全面地反映农民权益。尽管剔除了不完整和会产生歧义的信息，仍有可能存在数据的不真实、信息的遗漏或误差，从而对研究结果产生误导，在一定程度上影响研究的真实性和准确性。

二是由于研究范围的限制，只能选择已经“退出”宅基地的农户，适合样本的区域选择范围太少，仅选择了一个典型样本区，从而使研究结论具有地域局限性。

在今后的研究中，需进一步丰富实证部分的调研数据，对全国不同社会经济发展水平下、不同模式下的退地农民进行问卷调查，进行对比研究才可能使研究结论具有普适性。

二、权益指标体系的设定问题

以前学术界关于研究农民权益受损测度的研究成果比较少见，没有可以借鉴的思路和方法。本书借鉴森（Sen）在《以自由看待发展》一书中对“可行能力集”（实质自由）的研究提出的最重要的五种工具性自由即政治自由、经济条件、社会机构、透明性担保、防护性保障，作为构建农民权益指标的理论依据，选取了经济状况、居住状况、社区状况、保障状况和心理状况 5 个方面的一级指标体系和 16 个二级指标体系衡量农民在退出中权益的变化，由于指标不全面，不能准确反映出农民权益的变化情况，可能影响评价结果。在未来的研究中如何确定合理的评价指标体系值得探讨。

三、农民权益保障的政策设计不够完善

本书从利益层面和制度层面分析了农民权益受损的原因，提出农民权益保护的建议，侧重于宅基地产权制度改革、转变政府角色、提高农民主体地位等一些宏观的政策建议。本书通过对“增减挂钩”内涵分析发现，现阶段“挂钩”政策背景下政府推动农民宅基地退出实质是“土地发展权”的转移，也提出了在我国引入土地发展权制度，提出要建立合理的土地发展权收益分配机制。但究竟按何种比例进行收益分配并没有做进一步深入的研究，这将成为未来需要研究的内容。

附　录

农村宅基地退出中农民土地权益调查

尊敬的农民朋友：

您好！

我们是华中农业大学经济管理—土地管理学院的研究生，正在做一项关于在城乡建设用地增减挂钩实施过程中农民宅基地退出权益问题的调查。恳请您在百忙之中协助此项调查研究的开展。本问卷的调查数据不涉及个人姓名等基本信息，调查结果仅用于学术研究!

华中农业大学经济管理学院

2013 年 6 月

原家庭住址：________区________镇________村________组

现家庭住址：____

一、被调查农户家庭成员情况

1. 全家共有____口人（吃住都在一起的），其中____个主要劳动力（男：

16~60 岁；女：16~55 岁）；学生____人（高中以下读书阶段：____人）；外出务工人员____人。

2. 您的家庭结构是什么类型？（只选一项）

A. 夫妻家庭：只有夫妻两人的家庭

B. 核心家庭：由父母（包括只剩其中一方）和未结婚子女组成的家庭

C. 主干家庭：由父母（包括只剩其中一方）和一对已婚子女组成的家庭

D. 联合家庭：由父母（包括只剩其中一方）和两对或两对以上已婚子女组成的家庭，或同代至少有两对夫妻的家庭

E. 单身：指成年未婚或丧偶与离异后，独立生活的人

F. 其他家庭：指上述类型之外的家庭

3. 家庭户主、主要劳动力的个人情况（户主表名为 H）

	性别 1. 男 2. 女	年龄	受教育程度	是否主要劳动力 是=0，否=1	是否村干部 是=0，否=1	主要职业		是否有非农纯收入？有（元/月）		每年兼业的时间（月）	
						退出前	退出后	退出前	退出后	退出前	退出后
1											
2											
3											
4											
5											

注：教育程度：1. 小学及以下；2. 初中；3. 高中或中专；4. 大专及以上。

现在职业：1. 务农；2. 个体经营；3. 建筑业打工；4. 交通运输业打工；5. 制造业打工；6. 服务业打工；7. 零散帮工；8. 民办教师；9. 离退休人员；10. 村干部；11. 私营企业主；12. 无业；13. 学生。

二、宅基地和耕地退出情况调查

1. 农村宅基地和住房退出补偿情况

宅基地退出补偿安置情况	宅基地补偿情况：原住房的补偿标准：______元/平方米。 集中安置房情况：购买安置房价格：______元/平方米。 实际购买的面积：______平方米，有___套安置房。 其他的房屋补助等：______元。 扣除旧房的补偿后，您购买安置房还需出______元。 安置房装修花费了______元。

（1）政府对宅基地和住房进行补偿的标准是______。

A. 按照宅基地面积大小　　B. 按照住房面积大小

C. 统一补偿标准　　D. 根据住房结构制定标准

（2）政府对宅基地退出安置方式是______。

A. 政府统一集中建房安置　　B. 政府另批宅基地，农民自己建房

C. 一次性货币补偿　　D. 其他

（3）您对现在的补偿安置是否满意？

A. 很满意　　B. 比较满意

C. 一般　　D. 不满意

E. 很不满意

如果是不满意，因为（填写）：________________________________

（4）如果可以自由选择，您是否愿意退出宅基地选择集中居住？

A. 愿意

B. 不愿意，因为：（　　）

①耕地耕种不方便　　②家畜无法饲养，生产工具没地方放

③不好找工作　　　　　　　　④无法享受与市民同样的福利保障

⑤生活成本会增加　　　　　　⑥其他（填写）________

（5）为了保证您在退出宅基地和住房的收益不受到损失，按照您家房子的价值您希望的补偿价格是________元/平方米。

A. 1~200　　　　　　　　B. 200~300

C. 300~400　　　　　　　D. 400~500

E. 500~600　　　　　　　F. 600~700

G. 700~800　　　　　　　H. 800~900

I. 900~1000

您确定以上价格的依据是

①土地的保障功能　　　　　②土地的增值作用

③建造房屋的成本　　　　　④土地房屋的市场价格

⑤其他________

（6）您希望的安置方式是______。

A. 一次性现金补偿　　　　　B. 政府统一建房安置

C. 另批宅基地自己建房　　　D. 一部分现金补偿，一部分用于购买保险

E. 其他

2. 集中居住前后家庭耕地变化情况

		退出前	退出后
家庭总耕地数量（亩）			
家庭人均耕地数量（亩）			
耕种方式（①自家耕种；②租给别人耕种；③自家耕种一部分，租给别人一部分；④闲置）			
如发生了流转	流转数量（亩）		
	流转租金（元/年）		

三、农民参与状况调查

1. 在退出宅基地（集中居住）前，当地政府________（A.是；B.否）召开了村民大会就——(如补偿价格、补偿方式、集中居住地点的选择）等方面征询了农民的意见？

2. 您家宅基地和房子是_____退出的。

A. 自己主动退出的　　B. 在村干部的动员下退出的

C. 政府强制性要求退出

3. 政府_______（A.是；B.否）与您签订了具体的退出等相关书面合同？

4. 当地政府________（A.是；B.否）对补偿安置方案进行了公告？

5. 您是通过_____了解政府的补偿安置政策的。

A. 村干部上访宣传　　B. 亲朋好友讲的

C. 看电视　　D. 村里广播宣传

E. 村里面公告　　F. 事后才知道

6. 总体而言，您对宅基地退出的信息______。

A. 了解很多　　B. 基本了解

C. 不了解

7. 如果对现有的补偿安置不满意，您________（A.是；B.否）会选择相关的方式来维护自己的权益。

如果您选择 B，为什么不愿意去争取自己的权益？

A. 国家法律和政策不允许　　B. 政府的强势地位，农民说话没有用

C. 自身没有文化，不懂法律　　D. 一个人能力和作用有限，大家心不齐

E. 其他，请注明________

如果选择A，请继续回答下列问题？

（1）您采取什么方式维护自己的利益？

A. 到相关政府部门上访　　B. 与政府谈判

C. 使用暴力　　D. 与政府打官司

E. 其他（请注明）________

（2）您采取的组织形式是什么？

A. 一个人行动　　B. 和同村的人一起行动

C. 其他（请注明）________

（3）您通过采取相应的行动后达到了什么效果？

A. 补偿得到了很大的提高　　B. 补偿提高了一点

C. 没有任何结果

四、退出前后生活情况

1. 生活状况变化

（1）自从失地后，以下哪些公共服务得到改善________。

A. 城镇燃气　　B. 用水

C. 有线电视　　D. 医疗保障

E. 教育　　F. 什么都没改善，和以前一样

G. 其他（请写明）________

（2）您认为退出后集中居住生活成本有怎样的变化？

A. 明显提高　　B. 稍微提高

C. 和原来差不多　　D. 稍微下降

E. 明显下降

（3）您认为退出后集中居住医疗条件有怎样的变化？

A. 明显提高　　B. 稍微提高

C. 和原来差不多　　D. 稍微下降

E. 明显下降

（4）您认为退出后集中居住小孩上学条件有怎样的变化？

A. 明显提高　　B. 稍微提高

C. 和原来差不多　　D. 稍微下降

E. 明显下降

（5）您认为退出后集中居住实际生活水平如何变化？

A. 明显提高　　B. 稍微提高

C. 和原来差不多　　D. 稍微下降

E. 明显下降

（6）对生活状况的满意度：退出前________；退出后________；

A. 很满意　　B. 满意

C. 一般　　D. 不满意

E. 很不满意

（7）退地对您家庭以下哪些方面产生了影响？［请在产生正面（好的）影响的选项后面标记“+”，在产生了负面（差的）影响的选项后面标记“–”，完全没有影响标记“○”］

A. 家庭经济状况（　）　　B. 社会保障（　）

C. 居住条件及生活环境（　）　　D. 发展机遇与就业环境

E. 子女教育环境（　）　　F. 社会互动、情感交流与闲暇（　）

G. 其他（　）

2. 宅基地和住房退出前后居住条件

	退出前	退出后
宅基地面积（平方米）		
建筑面积（或住房面积）		
院坝面积		
您家共有几处住房？		

续表

	退出前	退出后
住房结构（A.土木 B.砖木 C.砖混 D.钢混结构）		
住房质量满意度：A.很满意 B.满意 C.一般 D.不满意 E.很不满意		

3. 退出前后家庭经济状况的变化

家庭经济状况		集中居住前		集中居住后	
种植收入（元）		元	元/亩	元	元/亩
养殖（鸡、鸭、猪等）收入（元）					
非农（打工、经商等）收入（元）					
国家补贴收入（元）					
住房出租收入（元/年）					
每年生产支出（元） (包括化肥、种子、农药、雇用劳动力等)					
生活支出	食品（大米、蔬菜等）支出（元）				
	水费支出（元）				
	用电支出（元）				
	用气支出（元）				
	其他日常支出（穿着、教育、医疗、交通）(元)				
家庭主要收入来源： ①种植业；②养殖业；③外出打工；④经营工厂、商店产业；⑤其他					
家庭总收入（元）					
家庭年总支出（元）					

总体而言，退出后集中居住对您家庭的经济情况产生了怎样的影响？

	A.变好很多	B.变好了一点	C.没什么变化	D.变差一点	E.变差很多
短期					
长期					

五、社会保障情况调查

1. 退出前您及家庭成员参加了何种形式的医疗保障？

A. 当地的农村合作医疗　　B. 城镇职工医疗保险

C. 购买商业医疗保险　　D. 其他

2. 如果您参加了，每年大概交多少钱？________元/人。

3. 退出前您家及成员都参加了什么形式的养老保险？

A. 农村新型养老保险　　B. 自己购买了商业保险

C. 没办　　D. 其他

4. 如果您参加了，每年大概交多少钱？________元/人。

5. 退出后政府有没有提供专门的失地农民养老保险？

A. 有　　B. 没有

6. 您认为在推动农民宅基地退出过程中政府应该提供哪些基本的社会保障？

A. 最低生活保障，每月最低生活费在________元

B. 城镇养老保险，同城镇职工一样达到一定年龄后每月可领取________元的养老金

C. 医疗保障，同城镇职工一样，日常最高每月可报取________元的医疗费用，遇到大病可报取________%的医疗费

D. 失业保障，失业后政府至少要提供________元的失业保障金

E. 其他保障

7. 退出前后您对当地政府提供的解决您的社会保障的政策满意吗？退出前________；退出后________。

A. 很满意　　B. 较满意

C. 一般　　D. 不满意

E. 很不满意

8. 总体而言，退出土地会使您的社会保障情况变好还是变差？

A. 变好了很多　　B. 变好了一点

C. 没什么变化　　D. 变差了一点

E. 变差很多

六、工作与就业情况

1. 您目前从事的职业为________。

A. 继续从事农业　　B. 工业与建筑业

C. 服务业　　D. 其他

2. 您获取当前工作的途径是________。

A. 亲戚朋友、同村人介绍　　B. 政府安排

C. 中介机构介绍　　D. 其他

3. 您工作的岗位性质为________。

A. 长期稳定工作　　B. 临时工作

C. 自谋职业　　D. 其他

4. 您工作的地点在________。

A. 本乡镇　　B. 本县的外乡镇

C. 本市的外县　　D. 本省的外市

E. 外省

5. 如果您不满意目前的工作，主要原因是________。(可多选)

A. 收入低　　B. 工作太辛苦

C. 工作不稳定　　D. 社会地位低

E. 其他

6. 如果您没有就业，主要的原因是________。(可多选)

A. 没有专业技能　　B. 年龄偏大

C. 不愿意就业　　D. 文化程度低

E. 当地经济落后，就业机会少　F. 其他________

7. 土地退出后，当地政府________（A. 是；B. 否）组织了就业培训？

8. 您觉得土地退出前非农就业机会________；退出后就业机会________。

A. 多　　B. 较多

C. 一般　　D. 很少

七、社区居住条件

居住条件	选项	退出前	退出后
治安状况	A. 很好 B. 较好 C. 一般 D. 较差 E. 很差		
卫生状况			
交通出行状况			
公共服务状况（教育、医疗、超市提供情况）			
社区规划			
噪声污染状况			

八、集中居住后心理状况调查

集中居住后心理状况	选项
居住舒适满足感	①很满足 ②较满足 ③一般 ④不满足 ⑤很不满足
经济满足感	①经济压力变大 ②和以前没变化 ③经济压力变小
生活适应程度（是否适应社区生活）	①很适应 ②比较适应 ③不适应

参考文献

一、论文著作类

［1］Amartya Sen. 以自由看待发展［M］. 任赜，于真译.北京：中国人民大学出版社，2002.

［2］白呈明. 农民失地问题的法学思考［J］. 人文杂志，2003（1）：127-132.

［3］包婷婷. 农村土地整治中宅基地用益物权保护探讨［J］. 池州学院学报（社会科学版），2011（1）：61-64.

［4］鲍海君，吴次芳. 论失地农民社会保障体系建设［J］. 管理世界，2002（10）：37-42.

［5］鲍家伟，陈宵. 城乡建设用地增减挂钩的三个平衡［J］. 中国经贸导刊，2011（16）：36-37.

［6］北京天则经济研究所《中国土地问题》课题组. 土地流转与农业现代化［J］. 管理世界，2010（7）：66-85.

［7］蔡国立，徐小峰. 地方宅基地退出与补偿定性模式树立与评价［J］. 国土资源情报，2012（7）：37-41.

［8］曹志海. 我国城市化进程中失地农民权益保障问题研究［J］. 中国行政管理，2007（3）：17-19.

［9］陈洪博主编. 土地科学辞典［M］. 南京：江苏科学技术出版社，1992.

［10］陈科. 基于城市化角度的增减挂钩政策实施研究［J］. 城市规划，2011（7）：14–19.

［11］陈利根，卢吉勇. 农村集体建设用地为什么会发生流转［J］. 南京农业大学学报（社会科学版），2002，12（3）：14–19.

［12］陈士银，周飞，吴明发. 论新农村建设与农村宅基地合理利用［J］. 安徽农业科学，2007（14）：4354–4356.

［13］陈霄. 农民宅基地退出意愿的影响因素——基于重庆“两翼”地区1012户农户的实证研究［J］. 中国农村观察，2012（3）：26–36.

［14］戴伟娟. 城镇化进程中农村土地流转问题研究［D］. 上海社会科学院博士学位论文，2010.

［15］戴媛媛. “增减挂钩”中农户安置模式的比较分析［J］. 特区经济，2011（8）：170–171.

［16］高洁. 基于农民权益保护的集体土地流转研究［D］. 中国地质大学（北京）博士学位论文，2012.

［17］高进云等. 农地城市流转前后农户福利变化的模糊评价［J］. 管理世界，2007（6）：45–55.

［18］高勇. 城市化进程中失地农民问题探讨［J］. 经济学家，2004（1）：47–51.

［19］关江华，黄朝禧. 农村宅基地流转利益主体博弈分析［J］. 华中农业大学学报（社会科学版），2013（3）：31–35.

［20］郭斌，武小岩. 关于失地农民生活效用的补偿研究［J］. 安徽大学学报（哲学社会科学版），2007（5）：149–152.

［21］郭书田. “宅基地换社保”的三个前提［J］. 中国土地，2009（8）：21.

［22］韩俊，秦中春，张云华，王鹏翔. 农民集中居住的探索与政策思考［J］. 中国土地，2007（3）：1–4.

［23］韩康. 启动中国农村宅基地市场化改革［J］. 国家行政学院学报，

2008（4）：4–7.

［24］韩康. 宅基地制度存在三大矛盾［J］. 人民论坛，2008（14）：38–39.

［25］何建华，于建嵘. 城市化进程中的农民权益保护问题［J］. 华中师范大学学报，2005（2）：19–23.

［26］贺鲲鹏，吕红娇. 论农村土地整治中农民权益的保障［J］. 农业经济，2011（1）：81–82.

［27］侯文浩. 政府主导下的农村宅基地流转过程中的农民权益保护研究——以南京市为例［J］. 安徽农业科学，2013，41（22）：9446.

［28］胡进安，何铁城，杜建国. 湖南省农村宅基地使用和管理初探［J］. 国土资源导刊，2004（5）：6–9.

［29］黄庆杰，王新. 农村集体建设用地流转的现状、问题与对策——以北京市例［J］. 中国农村经济，2007（1）：58–64.

［30］黄小虎. 征地制度改革的经济学思考［J］. 中国土地，2002（8）：22–24.

［31］黄星. 建立宅基地退出机制研究［J］. 国土资源导刊，2009（6）：62–64.

［32］黄祖辉等. 非公共利益性质的征地行为与土地发展权补偿［J］. 经济研究，2002（5）：66–71.

［33］姬涛. 浅析增减挂钩和产业发展［J］. 中国商界，2010（3）：206.

［34］嵇金鑫，李伟芳，黄天元. 浅议农村集体建设用地流转价格［J］. 江西农业学报，2008（10）：133–135.

［35］蒋省三，刘守英. 防止村庄建设中侵害农民宅基地权利的倾向［J］. 中国发展观察，2007（3）：36–37.

［36］蒋省三，刘守英. 土地资本化与农村工业化——广东省佛山市南海经济发展调查［J］. 管理世界，2003（11）.

［37］孔祥利等. 农民失地的路径、成因与对策［J］. 云南民族大学学报，

2004, 21 (6): 93–98.

[38] 李悦. 宅基地置换工程中农民福利研究 [J]. 商品与质量, 2011 (4): 69.

[39] 梁爽. 土地非农化过程中的收益分配及其合理性评价——以河北省涿州市为例 [J]. 中国土地科学, 2009 (1): 4–8.

[40] 梁伟, 袁堂明. 失地农民权益流失探析 [J]. 农业经济, 2003 (1): 27–30.

[41] 刘建生, 王志凤, 孟展. "增减挂钩"操作问题及改进建议 [J]. 中国土地, 2011 (6): 23–24.

[42] 刘庆, 张军连, 张凤荣等. 解决城市化进程中农村宅基地问题——北京农村宅基地存在问题透视 [J]. 国土资源, 2004 (1): 31–33.

[43] 刘锐. 农村宅基地退出问题再探讨 [J]. 中州学刊, 2013 (7): 68–72.

[44] 刘守英. 地方政府和基层组织介入土地流转对农民土地权益的影响 [J]. 河北法学, 2004 (1): 7–14.

[45] 刘守英. 中国的二元土地权利制度与土地市场残缺 [J]. 经济研究参考, 2008 (31): 2–11.

[46] 刘书楷. 土地经济学 [M]. 北京: 中国农业出版社, 1999.

[47] 刘双良, 孙钰, 马安胜. 论集体建设用地流转与农民权益保护 [J]. 甘肃社会科学, 2009 (4): 69–72.

[48] 刘文甲. 我国土地已"过度非农化" [N]. 中国国土资源报, 2007-04-04 (1).

[49] 刘园秋, 吴克宁, 赵华甫等. 县域城乡建设用地增减挂钩研究——以河北省清河县为例 [J]. 资源与产业, 2011 (4): 75–80.

[50] 卢海元. 土地换保障: 妥善安置失地农民的基本设想 [J]. 中国农村观察, 2003 (6): 48–54.

[51] 卢现祥. 西方新制度经济学 [M]. 北京: 中国发展出版社, 2003.

［52］卢艳霞，胡银根等. 浙江农民宅基地退出模式调研与思考［J］. 中国土地科学，2011（1）：4–7.

［53］栾谨崇，于学花. 失地农民权益的政府保护机制探析［J］. 理论探讨，2005（3）：33–37.

［54］马驰，张荣. 城市化进程中失地农民的权益保护［J］. 农业经济，2004（3）：48–49.

［55］马佳. 新农村建设中农村居民点用地集约节约利用研究［J］. 华中农业大学，2008.

［56］马林靖. 快速城市化进程中来自新市民的声音［M］. 天津：南开大学出版社，2012.

［57］买晓森. 城乡建设用地增减挂钩的经济分析——以重庆市沙坪坝区为例［D］. 西南大学博士学位论文，2008.

［58］欧阳安蛟，蔡锋铭，陈立定. 农村宅基地退出机制建立探讨［J］. 中国土地科学，2009（10）：27–30.

［59］潘国建，姚佳威. "农民集中居住得失"［J］. 财经，2010（22）：7–14.

［60］潘洪其. 农民权益保护："三农"问题中一块滞后"短板"［N］. 北京青年报，2006–07–21.

［61］彭长生，范子英. 农户宅基地退出意愿及其影响因素分析——基于安徽省 6 县 1431 个农户调查的实证研究［J］. 经济社会体制比较，2012（3）：155–162.

［62］钱忠好，曲福田. 规范政府土地征用行为切实保障农民土地权益［J］. 中国农村经济，2004（12）：4–9，64.

［63］钱忠好. 现行土地征收制度的理性反思［J］. 南京社会科学，2005（1）：1–5.

［64］曲福田等. 土地价格及分配关系与农地非农化经济机制研究［J］.

中国农村经济，2001（12）：54-60.

[65] 曲福田主编. 中国工业化、城镇化进程中的农村土地问题研究[M]. 北京：经济科学出版社，2010.

[66] 曲衍波，张凤荣，姜广辉等. 农村居民点用地整理潜力与“挂钩”分区研究 [J]. 资源科学，2011（1）：134-142.

[67] RDI（美国农村发展研究所）. 征地制度改革与农民土地权利——中国农民权益保护 [M]. 北京：中国经济出版社，2004.

[68] 邵绘春. 城市化进程中农民土地权益变化研究——以南京市郊区农户为例 [D]. 南京农业大学博士学位论文，2010.

[69] 宋萍. 拆村并居中农民权益法律保护问题研究 [D]. 山东大学博士学位论文，2012.

[70] 宋伟，陈百明，杨红，陈曦炜. 我国农村宅基地资源现状分析 [J]. 中国农业资源与区划，2008（6）：1-5.

[71] 孙建伟. 涉地农民住房权与生存权保障实证研究 [D]. 华东政法大学博士学位论文，2011.

[72] 陶然，汪晖. 中国尚未完转型的土地制度改革：挑战与出路 [J]. 国际经济评论，2012（2）：7-14.

[73] 田光明. 城乡统筹视角下农村土地制度改革研究——以宅基地为例 [D]. 南京农业大学博士学位论文，2011.

[74] 万朝林. 失地农民权益流失与保障 [J]. 经济体制改革，2003（6）：73-76.

[75] 汪晖，陶然. 论土地发展权转移与交易的“浙江模式”[J]. 管理世界，2009（8）：39-52.

[76] 汪晖，王兰兰，陶然. 土地发展权转移与交易的中国地方实验 [J]. 城市规划，2011（7）：9-19.

[77] 王家庭，张焕兆，季凯文. 中国城市土地集约利用理论分析与实证

研究［M］. 天津：南开大学出版社，2008.

［78］王君，朱玉碧，郑财贵. 对城乡建设用地增减挂钩运作模式的探讨［J］. 农村经济，2007（8）：29–31.

［79］王科，谢德体，黄春芳等. 重庆城郊地带城镇建设用地增加与农村建设用地减少相挂钩效益评价［J］. 安徽农业科学，2011（18）：11192–11194.

［80］王兰兰，汪晖，陶然. 宅基地拆迁补偿的地域差异［J］. 经济理论与经济管理，2012（7）：104–110.

［81］王利明. 中国民法典学者建议稿及立法理由《物权编》［M］. 北京：法律出版社，2005.

［82］王旭东. 中国农村宅基地制度研究［D］. 财政部财政科学研究所博士学位论文，2010.

［83］王延强，陈利根. 基于村民利益保护的宅基地权益分析——从不同流转模式对村民集中影响的角度［J］. 农村经济，2008（3）：6–10.

［84］魏西云，唐健. 新形势下的农村宅基地管理［J］. 中国土地科学，2009（5）：26–29.

［85］吴康明，陈霄. 农民宅基地退出意愿的影响因素——基于重庆市“两翼”地区 1012 户农户的实证分析［J］. 中国农村观察，2012（3）：26–36.

［86］吴志刚. 基本权利：保障农民土地权益的新视角［J］. 中国土地科学，2012（11）：10–14.

［87］肖碧林，我国农村宅基地置换模式、问题与对策建议［J］. 中国农业资源与区划，2011（6）：38–41.

［88］徐小峰，胡银根. 农村宅基地退出与补偿的几点思考［J］. 国土资源情报，2011（8）：31–33.

［89］严金海. 农村宅基地整治中的土地利益冲突与产权制度创新研究［J］. 农业经济问题，2011（7）：46–53.

［90］杨杰. 宅基地问题的法律分析［J］. 南京农业大学学报，2007（2）：74-77.

［91］杨正莲. 天津：宅基地换房换来了什么［J］. 中国新闻周刊，2009（20）：44-49.

［92］易小燕. 城乡建设用地增减挂钩运行中出现的主要问题及建议［J］. 中国农业资源与区划，2011（2）：11-13.

［93］于华江，吴君茂. 论农地征用程序与农民权益保护［J］. 中国农业大学学报，2004（4）：21-24.

［94］于跃龙. 我国农村宅基地退出机制研究［D］. 中国地质大学博士学位论文，2013.

［95］岳永兵，黄洁，张超宇. 宅基地换房过程中宅基地补偿价值的思考［J］. 国土资源科技管理，2011（8）：95-98.

［96］岳永兵. 浅议宅基地退出机制［J］. 国土论坛，2008（5）：29-30.

［97］郧文聚，杨红. 农村土地整治新思考［J］. 中国土地，2010（3）：69-71.

［98］张长春，高泽崇等. 河北省农村宅基地退出模式类型划分与选择［J］. 江苏农业科学，2013（4）：393-394.

［99］张力心. "地票"交易中农民权益保障研究——以重庆市为例［D］. 西南大学博士学位论文，2013.

［100］张丽. 农地城市流转中农民权益保护研究［D］. 华中科技大学博士学位论文，2011.

［101］张寿正. 关于城市化过程中农民失地问题的思考［J］. 中国农村经济，2004（2）：44-49.

［102］张维迎. 博弈论与信息经济学［M］. 上海：上海人民出版社，1996.

［103］张秀智，丁锐. 经济欠发达与偏远农村地区宅基地退出机制分析：案例研究［J］. 中国农村经济，2009（6）：23-30.

［104］张衍毓，刘彦随，王业侨. 统筹城乡视角下村庄整治建设的模式与途径［J］. 地理科学进展，2009（6）：977–983.

［105］张怡然，邱道持，李艳. 农民工进城落户与宅基地退出影响因素分析——基于重庆市开县 375 份农民工的调查问卷［J］. 中国软科学，2011（2）：62–68.

［106］赵强军. 农户宅基地退出机制研究［D］. 西北农林科技大学博士学位论文，2012.

［107］赵锡斌等. 城市化进程中失地农民利益保障问题研究［J］. 中国软科学，2003（8）：158–160.

［108］周楚军. 规整天地［N］. 中国国土资源报，1999 -01–13（1）.

［109］周击. 城乡一体化背景下的土地“挂钩”政策研究——以张家港市为例［D］. 华东理工大学博士学位论文，2011.

［110］周其仁. 农村建设用地转让制度试验正当其时［J］. 农村工作通讯，2007（11）：7–14.

［111］周小平. “挂钩”专项规划的几个问题［J］. 中国土地，2009（12）：54.

［112］朱华燕. 农村居民点整理挂钩中的权属调整问题探讨［J］. 江苏商论，2006（7）：157–159.

［113］朱林兴. 农村集体建设用地流转政策的实质［J］. 上海市经济管理干部学院学报，2009（1）：17–24.

［114］朱启臻，王念. 自己的利益要靠自己维护——论集体建设用地流转中农民利益的实现［J］. 中国土地，2009（8）：22–24.

［115］诸培新，刘玥汐. 江苏省“万顷良田建设工程”中集体建设用地流转增值收益分配与机制创新［J］. 中国土地科学，2012（10）：5–8.

［116］左小兵，冯长春. 集体建设用地流转中的农民权益保障［J］. 中国土地，2010（5）：41–43.

[117] Bwrry, A. When do Agricultural Export-help the Rural Poor? Apo-litical-economy Approach. Oxford Derelopenmt Studies, 2001 (2).

[118] Guo Li, Seotte Rozelle. Hazards of ExPro Priation: Tenure Inseeu-rityand Investmentin Rural China. De Partment of Agrieultural and Resouree Eeonomies University of California Davis [D]. Working Paper, 2002.

[119] H. G. Jaeoby, Guo Li & Seotte Rezelle. Hazards of Expropriation: Tenure Inseeurity and Investmentin Rural China. De Partment of Agricultural and Resource Economics [D]. University of California Davis, Working Paper No. 02-007, 2002.

[120] Kironde, L. Cimments on Management of Peri-urban Land and Land Taxation [Z]. Kanpala: the World Bank Regional Land Workshop, 2002.

[121] Loren Brandt, Seotte Rezelle & M. A. Turner. Government Behavior and Pro Pertyrights Formationin Rural China. De Partment of Agrieultural and Resouree Eeonomies [D]. University of California Davis, Working Paper, February, 2002.

[122] Norsal E. The Taking of Land: Market Value Compensation should be Paid [J]. Joumal of Publie Eeonomies, 2001 (1): 431-443.

[123] Prosterman R. Presentation on Rural Land Takings in China and the Broader Context of Farmer's Tenure Security [EB/OL]. availableonwww.rdiland.org, 2004.

二、规范性文件

[1]《中共中央关于全面深化农村改革加快推进农业现代化的若干意见》

[2]《中共中央　国务院关于推进社会主义新农村建设的若干意见》

[3]《中共中央　国务院关于促进小城镇健康发展的若干意见》

[4]《中共中央推进农村改革发展若干重大问题决定》

[5]《国务院办公厅关于积极稳妥推进户籍管理制度改革的通知》

[6]《关于农村土地征收、集体经营性建设用地入市、宅基地制度改革试点工作的意见》

[7]《中华人民共和国宪法》

[8]《中华人民共和国民法通则》

[9]《中华人民共和国土地管理法》

[10]《中华人民共和国农村土地承包法》

[11]《中华人民共和国农业法》

[12]《中华人民共和国国家标准土地基本术语》

[13]《农村人民公社工作条例修正草案》

[14]《中华人民共和国物权法》

[15]《中华人民共和国担保法》

[16] 最高人民法院《关于贯彻执行民法通则若干问题的意见（修改稿）》

[17]《国有土地房屋征收与补偿条例》

[18]《村镇建房用地管理条例》

[19]《关于加强土地转让管理严禁炒卖土地的通知》

[20]《关于深化改革严格土地管理的决定》

[21]《关于加强农村宅基地管理的意见》

[22]《全国土地开发整理规划》

[23]《关于坚持依法依规管理节约集约用地支持社会主义新农村建设的通知》

[24]《关于规范城镇建设用地增加与农村建设用地减少相挂钩试点工作的意见》

[25]《城乡建设用地增减挂钩试点管理办法》

[26]《严格规范城乡建设用地增减挂钩试点切实做好农村土地整治工作的通知》

[27]《城乡建设用地增减挂钩试点管理办法》

[28]《关于进一步规范城乡建设用地增减相挂钩试点工作的通知》

[29]《关于严格规范城乡建设用地增减挂钩试点工作的通知》

[30]《关于推进土地节约集约利用的指导意见》

[31]《关于加快推进农村集体土地确权登记发证工作的通知》

[32]《确定土地所有权和使用权的若干规定》

[33]《国务院关于推进重庆市统筹城乡改革和发展的若干意见》

[34]《国务院关于推进天津滨海新区开发开放有关问题的意见》

[35] 重庆市人民政府《重庆市户籍制度改革农村土地退出与利用办法（试行）》

[36] 重庆市人民政府《关于统筹城乡户籍制度改革的意见》

[37] 重庆市人民政府《农村土地交易所管理暂行办法》

[38]《重庆市国土房管局关于调整地票价款分配及拨付标准的通知》

[39]《重庆市统筹城乡户籍制度改革社会保障实施办法（试行）》

[40]《重庆市户籍制度改革转户农民农村宅基地及其附属设施用地处置与利用管理实施办法》

[41] 浙江省《关于印发 2008 年浙江省深化改革实施意见的通知》

[42] 浙江省嘉兴市《关于开展统筹城乡综合配套改革试点的实施意见》

[43] 浙江嘉兴市《统筹城乡综合配套改革试点的总体框架方案》

[44] 浙江嘉兴市《关于开展统筹城乡综合配套改革试点的实施意见》

[45] 浙江嘉兴市《关于开展节约集约用地试点加快农村新社区建设的若干意见》

[46] 浙江嘉兴市《关于进一步优化土地使用制度推进“两分两换”工作的通知》

[47]《天津市以宅基地换房建设示范小城镇管理办法》

后　记

本书是在我的博士论文《农村宅基地退出中农民权益保护问题研究》的基础上修改、完善而成的。回想从博士研究生入学考试到博士学位论文的完成，再到本书的出版，岁月匆匆、时光易逝。这一路走来，凝聚了太多的酸甜苦辣，令我终生难忘。非常感谢读博期间一直给我支持、鼓励和帮助的导师、家人和各位好友。

衷心感谢我的博士生导师钟涨宝教授。导师学术思想博大精深、思维敏捷、严谨细致，是我终生学习的典范。从博士入学到毕业论文的顺利完成，每一个环节都倾注了导师的大量心血。特别感谢华中农业大学经济与管理学院的青平教授、张俊飚教授、孙剑教授和文法学院的吴春梅教授、李长健教授等在论文开题和答辩的过程中提出了诸多宝贵意见，这对本书的写作和完善起到了非常重要的作用。感谢华中农业大学经济管理学院的老师们，让我在知识的海洋中有更多、更深的领悟。

在重庆实地调研期间，特别感谢同门师兄陈秉恒博士提供的帮助，让此次调研得到了重庆市相关单位提供的方便，同时也收获了大量宝贵建议。感谢谭建军、杨云刚、张黎黎等同学参与了实地调研和相关信息的收集整理，也非常感谢龚继红、狄金华、聂建亮、曾小艳、刘娇华、李惠梅、王璐等同学，与你们的相处和交流总能给我最大的鼓励与帮助。

感谢我的家人的默默付出和无私关爱，给了我奋进的力量和收获的机会；我的收获凝聚了你们太多无怨无悔的付出，在此表示衷心的感谢。

感谢湖北民族大学科技处、经济与管理学院的领导和老师们对本书出版的大力支持与帮助。

最后，谨以此书献给所有关心和帮助过我的老师、同学和亲友。

黄贻芳

2018年4月20日